William Shakespeare (1564–1616) gilt als berühmtester Dramatiker aller Zeiten. Seine über 400 Jahre alten Stücke werden weltweit gelesen und gespielt, seine Sonette gelten als unvergleichlich. Es ist die Zeitlosigkeit der Themen, vor allem aber seine Wortgewalt, die bis heute faszinieren. Nicht nur Hamlets Frage nach »Sein oder Nichtsein« ist längst zu einem geflügelten Wort geworden.

Dieses kleine Handbuch lädt ein zu einem originellen Spaziergang durch Shakespeares Welt, bei dem sich mosaikhaft das Werk und die sprachliche Virtuosität des Dichters aus Stratford genussvoll entdecken lassen.

Frank Günther, Jahrgang 1947, studierte Anglistik, Germanistik und Theatergeschichte und arbeitete als Regisseur an Theatern. Seine Shakespeare-Gesamtübersetzung, an der er seit über 40 Jahren arbeitet, steht kurz vor ihrer Vollendung. Für seine Übertragungen wurde er mit zahlreichen Preisen ausgezeichnet.

Shakespeares WortSchätze

Englisch – Deutsch

Mit einem Nachwort herausgegeben
von Frank Günther

Deutscher Taschenbuch Verlag

Von Frank Günther
ist im Deutschen Taschenbuch Verlag erschienen:
Unser Shakespeare (dtv 26001)

Ausführliche Informationen über
unsere Autoren und Bücher
finden Sie auf unserer Website
www.dtv.de

MIX
Papier aus verantwor-
tungsvollen Quellen
FSC® C013736

Originalausgabe 2014
2. Auflage 2014
Deutscher Taschenbuch Verlag GmbH & Co. KG,
München
© 2014 Deutscher Taschenbuch Verlag, München
Umschlagkonzept: Balk & Brumshagen
Umschlaggestaltung: Katharina Netolitzky
Gesetzt aus der Helvetica
Satz: Bernd Schumacher, Obergriesbach
Druck und Bindung: Kösel, Krugzell
Gedruckt auf säurefreiem, chlorfrei gebleichtem Papier
Printed in Germany · ISBN 978-3-423-28023-5

What is Love?

What is love? 'Tis not hereafter,
Present mirth hath present laughter:
    What's to come is still unsure.
In delay there lies no plenty,
Then come kiss me, sweet and twenty:
    Youth's a stuff will not endure.

Twelfth Night, II,3

Love is a smoke made with the fume of sighs;
Being purg'd, a fire sparkling in lovers' eyes;
Being vex'd, a sea nourish'd with lovers' tears;
What is it else? A madness most discreet,
A choking gall, and a preserving sweet.

Romeo and Juliet, I,1

There's beggary in the love that can be reckon'd.

Antony and Cleopatra, I,1

Was ist Liebe?

Was ist Liebe? Frag nicht: machen!
Freude heut will heute lachen,
    Was noch kommt, das weiß man nicht.
Wer lang zögert, der wird bange,
Drum komm, küß mich, wart nicht lange,
    Jugend ist kein Dauerlicht.

Was ihr wollt, II,3

Liebe ist Rauch, gemacht aus Seufzerschwaden;
Geschürt: ein Augenfeuer, drin Verliebte baden;
Erstickt: ein Meer, gespeist aus Tränenströmen.
Was ist sie sonst? nur kühlste Raserei,
Zuckrige Galle, schale Näscherei.

Romeo und Julia, I,1

Liebe, die zählbar ist, ist Bettelkram.

Antonius und Kleopatra, I,1

Love is merely a madness, and I tell you, deserves as well a dark house and a whip as madmen do; and the reason why they are not so punished and cured is that the lunacy is so ordinary that the whippers are in love too.

As You Like It, III,2

Why then, O brawling love, O loving hate,
O anything, of nothing first create!
O heavy lightness, serious vanity,

Misshapen chaos of well-seeming forms!
Feather of lead, bright smoke, cold fire, sick health,
Still-waking sleep that is not what it is!
This love feel I that feel no love in this.
Dost thou not laugh?

Romeo and Juliet, I,1

Liebe ist nichts als ein Wahnsinn, und glauben Sie mir, verdient Zwangsjacke und Dunkelhaft so gut wie andere Wahnsinnige; und sie werden nur deshalb nicht genauso bestraft und kuriert, weil diese Mondsucht so weit verbreitet ist, daß selbst die Irrenwärter daran kranken.

Wie es euch gefällt, III,2

Hier wütet Haß, doch Liebe wütet mehr.
O Haß aus Liebe! Liebe nur aus Haß!
O Nichts! Von Nichts kommt nichts? Von Nichts
                                        kommt alles!
O schwerer Leichtsinn, ernste Spielerei,
Bizarres Chaos trügerischer Formen!
Bleifedern, klarer Rauch, eiskalte Glut,
Todkrankes Wohlsein, immerwacher Schlaf,
Und nichts ist, was es ist! Ist Liebe das,
Was ich jetzt fühl? Dann fühlt mein Lieben Haß.
Was lachst du nicht?

Romeo und Julia, I,1

It is to be all made of sighs and tears …
It is to be all made of faith and service …
It is to be all made of fantasy,
All made of passion and all made of wishes,

All adoration, duty and observance,
All humbleness, all patience and impatience,
All purity, all trial, all observance.

As You Like It, V,2

Or, if there were a sympathy in choice,
War, death, or sickness did lay siege to it,
Making it momentany as a sound,
Swift as a shadow, short as any dream,
Brief as the lightning in the collied night,
That, in a spleen, unfolds both heaven and earth,
And, ere a man hath power to say »Behold!«,
The jaws of darkness do devour it up:
So quick bright things come to confusion.

A Midsummer Night's Dream, I,1

Es heißt, aus Seufzern ganz bestehn und Tränen…
Es heißt, aus Treue ganz bestehn und Dienen…
Es heißt, aus nichts bestehn als Phantasie,
Aus nichts als Leidenschaft, aus nichts als
                                        Wünschen,
Ganz Anbetung, Hingabe und Gehorsam,
Ganz Demut, ganz Geduld und Ungeduld,
Ganz Reinheit, ganz Bewährung, ganz Gehorsam.

Wie es euch gefällt, V,2

Und hatten sich tatsächlich zwei gefunden,
Sind Krieg und Tod und Krankheit Sturm gelaufen,
So daß die Liebe wie ein Ton verklang,
Kurz wie ein Traum, ungreifbar wie ein Schatten,
Schnell wie ein Blitz in kohlpechschwarzer Nacht,
In dessen Schlag Himmel und Erde glüht,
Und eh man auch nur »schau mal« sagen kann,
Hat ihn der Schlund der Dunkelheit verschlungen.
So schnell umnachtet sich, was Helle scheint.

Ein Sommernachtstraum, I,1

A lover may bestride the gossamers
That idles in the wanton summer air
And yet not fall; so light is vanity.

Romeo and Juliet, II,6

I am giddy: expectation whirls me round.
Th'imaginary relish is so sweet
That it enchants my sense: what will it be
When that the wat'ry palate tastes indeed
Love's thrice-repured nectar? Death, I fear me,
Sounding destruction, or some joy too fine,
Too subtle-potent, tun'd too sharp in sweetness
For the capacity of my ruder powers.
I fear it much; and I do fear besides
That I shall lose distinction in my joys,
As doth a battle, when they charge on heaps
The enemy flying.

Troilus and Cressida, III,2

Verliebte tanzen auf den Spinnenfäden,
Die durch die warmen Sommerwinde gleiten,
Und fallen nicht. So leicht ist Nichtigkeit.

Romeo und Julia, II,6

Bin schwindlig: Vorerwartung wirbelt mich im Kreis.
Die vorgestellte Wonne ist so süß,
Daß alle Sinne taumeln. Wie wird's sein,
Wenn erst mein wässeriger Gaumen wirklich
Den reinen Liebesnektar schmeckt? Tod, fürcht ich,
Ohnmächtiges Vergehen, ein Genuß zu fein,
Zu machtvoll-zart, zu überschärft in Süße
Für meiner gröbern Sinne Fassungskraft:
Das fürcht ich sehr; und fürcht noch mehr, daß ich
Die Unterscheidungskraft verliere im
Genuß, so wie ein Schlachtheer, wenn's auf Horden
Fliehender Feinde eindrischt.

Troilus und Cressida, III,2

Spread thy close curtain, love-performing night,
That runaway's eyes may wink, and Romeo
Leap to these arms untalk'd-of and unseen.
Lovers can see to do their amorous rites
By their own beauties; or, if love be blind,
It best agrees with night. Come, civil night,

Thou sober-suited matron, all in black,
And learn me how to lose a winning match
Play'd for a pair of stainless maidenhoods.
Hood my unmann'd blood, bating in my cheeks,
With thy black mantle, till strange love grow bold,
Think true love acted simple modesty.
Come night, come Romeo, come thou day in
                                        night,
For thou wilt lie upon the wings of night
Whiter than new snow upon a raven's back.
Come gentle night, come loving black-brow'd
                                        night,
Give me my Romeo … So tedious is this day
As is the night before some festival
To an impatient child that hath new robes
And may not wear them.

Romeo and Juliet, III,2

Breit aus den Vorhang, liebesschwere Nacht,
Mach scharfe Augen stumpf, und Romeo huscht
Unsichtbar ungesehn in meinen Arm.
Verliebten leuchtet ihre eigne Schönheit
Zum Liebesspiel; und ist die Liebe blind,
Sei's drum, sie paßt zur Nacht. Komm, ernste
                                      Nacht,
Schlicht schwarzgekleidete Matrone du,
Und lehr mich mit Gewinn ein Spiel verlieren,
Wo zweimal Unberührtheit Einsatz ist.
Ummantel mein Gesicht, drin falkenwild
Mein Blut nach seinem Falkner glüht und brennt,
Bis scheue Liebe kühn und mutig wird,
Und sieh den Liebesakt als Keuschheit an.
Komm, Nacht. Komm, Romeo. Komm, du Tag
                                      bei Nacht,
Denn du wirst weißer auf den Fittichen der Nacht
Als neuer Schnee auf Rabenflügeln ruhn.
Komm, liebe, samtne, sanfte Nacht. Komm, gib
Mir meinen Romeo … Zäh ist mir der Tag
Wie einem ungeduldgen Kind die Nacht
Vor einem Fest, wenns neue Kleider hat
Und noch nicht tragen darf.

Romeo und Julia, III,2

What is Love?

It was a lover and his lass,
   With a hey and a ho and a hey nonino,
That o'er the green corn-field did pass,
   In spring-time, the only pretty ring-time,
When birds do sing, hey ding a ding, ding,
Sweet lovers love the spring.

Between the acres of the rye,
   With a hey and a ho and a hey nonino,
These pretty country-folks would lie,
   In spring-time, the only pretty ring-time,
When birds do sing, hey ding a ding, ding,
Sweet lovers love the spring.

As You Like It, V,3

If then true lovers have been ever cross'd,
It stands as an edict in destiny.
Then let us teach our trial patience,
Because it is a customary cross,
As due to love as thoughts and dreams and sighs,
Wishes and tears, poor fancy's followers.

A Midsummer Night's Dream, I,1

Es war ein Liebster und sein Lieb,
    Und ein hei und ein ho und ein hei nonino,
Die's oft ins grüne Kornfeld trieb,
    Im Maien, der schönsten Zeit zum Freien,
Bei Vogelschlag hei ding a ding dei,
Wer liebt, der liebt den Mai.

Im Roggenfeld, im Acker drin,
    Und ein hei und ein ho und ein hei nonino,
Legt sich das schöne Pärchen hin,
    Im Maien, der schönsten Zeit zum Freien.
Bei Vogelschlag hei ding a ding dei,
Wer liebt, der liebt den Mai.

Wie es euch gefällt, V,3

Wenn wahre Liebe stets vergeblich war,
Dann ist das ein Gesetz im Buch des Schicksals.
Dann soll uns diese Prüfung dulden lehren,
Weil unser Leiden ganz alltäglich ist,
Der Liebe zugehört wie Traum und Träne,
Wie Wunsch und Weh – Türsteher sind's der Liebe.

Ein Sommernachtstraum, I,1

What is Love?

If music be the food of love, play on,
Give me excess of it, that, surfeiting,
The appetite may sicken, and so die ....
O spirit of love, how quick and fresh art thou,
That notwithstanding thy capacity
Receiveth as the sea, nought enters there,

Of what validity and pitch soe'er,
But falls into abatement and low price,
Even in a minute! So full of shapes is fancy
That it alone is high fantastical.

Twelfth Night, I,1

This is the very ecstasy of love,
Whose violent property fordoes itself
And leads the will to desperate undertakings
As oft as any passion under heaven
That does afflict our natures.

Hamlet, II,1

Wenn denn Musik für Liebe Nahrung ist,
Spielt auf, spielt Freßgelage, daß ihr Appetit
Vor Überfüttrung siech wird und versiegt…
O Geist der Liebe, wie du hungrig bist!
Maßlos ist deine Unersättlichkeit
Wie 's Meer, doch nichts, was du hinabschlingst,
                                                                    füllt,
Wie reich und stark und wertvoll es auch sei,
Nein, es verfällt im Kurs zum Schleuderpreis
Von jetzt auf gleich. So phantasienreich ist Liebe,
Daß sie im höchsten Grad phantastisch ist.

Was ihr wollt, I,1

Das ist die wahre Raserei der Liebe,
Deren gewaltsams Wesen sich selbst umbringt
Und unsern Willn zu so verzweifelten Entschlüssen
Führt wie gleich welches Leiden unterm Himmel,
Das unser Wesen angreift.

Hamlet, II,1

There is no woman's sides
Can bide the beating of so strong a passion
As love doth give my heart; no woman's heart
So big, to hold so much: they lack retention.
Alas, their love may be call'd appetite,
No motion of the liver, but the palate,
That suffers surfeit, cloyment, and revolt;
But mine is all as hungry as the sea,
And can digest as much.

Twelfth Night, II,4

These violent delights have violent ends
And in their triumph die, like fire and powder,

Which as they kiss consume. The sweetest honey
Is loathsome in his own deliciousness,
And in the taste confounds the appetite.
Therefore love moderately; long love doth so.
Too swift arrives as tardy as too slow.

Romeo and Juliet, II,6

Kein Frauenkörper auf der Welt, der solch
Ein Pochen wilder Leidenschaft erträgt,
Wie mir im Herzen tobt; kein Frauenherz
So groß, so viel zu fassen; Kraft fehlt, Halt.
Ach, ihre Liebe heißt nur Appetit,
Nicht Herzensregung, nur ein Gaumenkitzel,
Der Sattheit, Überdruß und Ekel kennt.
Doch meine schlingt heißhungrig wie die See
Und kann gleichviel verdaun.

Was ihr wollt, II,4

So wilde Freude nimmt ein wildes Ende,
Und stirbt grad im Triumph wie Feuer und wie
                                                              Pulver,
Die sich im Kuß verzehren. Süßer Honig
Kann ekelhaft in seiner Süße werden,
Und der Geschmack vergeht uns im Genuß.
Drum, daß die Liebe währt, lieb nicht zuviel.
Zu langsam wie zu schnell sind spät am Ziel.

Romeo und Julia, II,6

Romeo! Humours! Madman! Passion! Lover!
Appear thou in the likeness of a sigh,
Speak but one rhyme and I am satisfied.
Cry but »Ay me!« Pronounce but »love« and
                             »dove« …
He heareth not, he stirreth not, he moveth not:

The ape is dead and I must conjure him.
I conjure thee by Rosaline's bright eyes,
By her high forehead and her scarlet lip,
By her fine foot, straight leg, and quivering thigh,
And the demesnes that there adjacent lie,
That in thy likeness thou appear to us.

Romeo and Juliet, II,1

As love is full of unbefitting strains;
All wanton as a child, skipping and vain;
Form'd by the eye, and therefore, like the eye,
Full of strange shapes, of habits, and of forms,
Varying in subjects, as the eye doth roll
To every varied object in his glance.

Love's Labour's Lost, V,2

Romeo! Schmachtlappen! Spinner! Schmusebold!
Erscheine uns als Ächzestöhneseufzer.
Nur einen Reim, dann bin ich schon zufrieden.
Ein »o je« reicht! Ruf einmal »Herz« und
                    »Schmerz« …
Er hört mich nicht und rührt sich nicht und regt
                      sich nicht.
Der Aff spielt tot, da muß ich ihn beschwören.
Ich rufe dich bei Rosi's Strahleaugen,
Bei ihrem Purpurmund und Marmorkopf,
Beim Küssefuß, bei ihrem Schwingegang,
Beim Zappelschenkel und den Nachbarorten,
Erschein uns in höchsteigener Person.

Romeo und Julia, II,1

Wie Liebe doch voll Unschicklichem ist,
Mutwillig wie ein Kind, rastlos und wirr,
Erzeugt vom Auge und drum wie das Auge
Voll wirrer Formen, Bilder und Gestalten
Wechselnden Wesens, wenn das Auge rings
Die wechselhafte Weltvielfalt durchschweift.

Verlorene Liebesmüh, V,2

She never told her love,
But let concealment like a worm i' th' bud
Feed on her damask cheek: she pin'd in thought,
And with a green and yellow melancholy
She sat like Patience on a monument,
Smiling at grief. Was not this love indeed?
We men may say more, swear more, but indeed
Our shows are more than will: for still we prove
Much in our vows, but little in our love.

Twelfth Night, II,4

If thou remember'st not the slightest folly
That ever love did make thee run into,
Thou hast not lov'd.
Or if thou hast not sat as I do now,
Wearying thy hearer in thy mistress' praise,
Thou hast not lov'd.
Or if thou hast not broke from company
Abruptly as my passion now makes me,
Thou hast not lov'd.

As You Like It, II,4

Sie sprach's nie aus, ihr Lieben, sondern ließ
Ihr Schweigen als den Wurm im Blütenkelch
An ihren Rosenwangen nagen. Schloß
Sich ein in sich und war in blasser Schwermut
Ein Steinbild der Geduld, das überm Grab
Den Gram belächelt. War das keine Liebe?
Mag sein, wir Männer schwafeln, schwören mehr,
Doch kommt mehr Wind als Wollen; zwar Gefühl
Beschwörn wir heiß, jedoch, wir lieben kühl.

Was ihr wollt, II,4

Wenn du nicht mehr die kleinste Torheit weißt,
In die dich Liebe jemals rennen ließ,
Dann hast du nie geliebt.
Und hast du nicht, wie ich heut, alle Welt
Mit Schwärmen von der Liebsten angeödet,
Dann hast du nie geliebt.
Und bist du nicht von Freunden weggestürzt
Aus Leidenschaft, so plötzlich wie nun ich,
Dann hast du nie geliebt.

Wie es euch gefällt, II,4

Love, love, nothing but love, still love,
                     still more!
      For O love's bow
      Shoots buck and doe;
      The shaft confounds
      Not that it wounds,
But tickles still the sore.

These lovers cry O ho, they die!
      Yet that which seems the wound to kill
Doth turn O ho, to Ha, ha, he!
      So dying love lives still.
O ho, a while, but Ha, ha, ha!
O ho, groans out for Ha, ha, ha! – Heigh ho!

Troilus and Cressida, III,1

This is the monstruosity in love, lady: that the will is
infinite, and the execution confined: that the desire
is boundless, and the act a slave to limit.

Troilus and Cressida, III,2

Liebe, Liebe, nichts sonst als Liebe,
                jedwede Stunde!
      Ihr Weh, o weh,
      Trifft Hirsch und Reh;
      Ihr Pfeil behext,
      Nicht, daß Blut kleckst,
Er kitzelt bloß die Wunde.

Verliebte schrein: Oh, oh! Welch Pein!
      Doch das, was schlägt so todeswund,
Das kehrt Oh, oh! in Ha! Ha! Ha!
      So sterbend lebt die Lieb zur Stund:
Oh, oh zuerst, dann Ha! Ha! Ha!
Oh, oh! stöhnt laut nach Ha! Ha! Ha! – Heiho!

Troilus und Cressida, III,1

Das ist das Ungeheuerliche in der Liebe, Fräulein:
daß der Wille unendlich ist und die Tat beschränkt,
daß das Verlangen uferlos ist und das Tun ein
Sklave enger Grenzen.

Troilus und Cressida, III,2

What is Love?

On the ground
Sleep sound;
I'll apply
To your eye,
Gentle lover, remedy.
When thou wak'st,
Thou tak'st
True delight
In the sight
Of thy former lady's eye;
And the country proverb known,
That every man should take his own,
In your waking shall be shown:
Jack shall have Jill,
Nought shall go ill;
The man shall have his mare again, and all
shall be well.

A Midsummer Night's Dream, III,2

Auf dem Grund
Schlaf gesund.
Bin so frei,
Tropfe drei
Tropfen von der Arzenei.
Dann erwacht
Gib nur acht,
Bist entzückt,
Wirst verrückt
Nach der alten Liebelei.
Daß ich alte Sprüche klopf:
Jeder Deckel kommt zum Topf.
Morgen früh brummt euch der Kopf.
Gleich und gleich gesellt sich gern,
Alles Böse sei euch fern.
Jeder Hengst kriegt seine Stute – alles Gute.

Ein Sommernachtstraum, III,2

Death and Mourning

Come away, come away death,
And in sad cypress let me be laid.
Fie away, fie away breath,
I am slain by a fair cruel maid:
    My shroud of white, stuck all with yew,
        O prepare it.
    My part of death no one so true
        Did share it.

Not a flower, not a flower sweet,
On my black coffin let there be strewn:
Not a friend, not a friend greet
My poor corpse, where my bones shall be thrown:
    A thousand thousand sighs to save,
        Lay me, O where
    Sad true lover never find my grave,
        To weep there.

Twelfth Night, II,4

Tod und Trauer

Komm herbei, komm herbei, Tod,
Bett mich ins Grab und Friede mir gib.
Geh vorbei, geh vorbei, Not,
Mich traf ins Herz mein grausames Lieb.
    Mein Totenkleid, so weiß wie Schnee,
        O bereit es!
 Mein Los so schwer, o keiner je
    Erleid es!

Nicht ein Blümlein, nicht ein Blümlein süß,
Sei auf den schwarzen Sarg mir gesteckt.
Nicht ein Freund, nicht ein Freund grüß
Mein Gebein dort, wo Erde es deckt.
    Daß ich euch tausend Seufzer spar,
        Tragt mich weit fort;
    Daß niemand je mein Grab erfahr
        Und weint dort.

Was ihr wollt, II,4

Reason thus with life:
If I do lose thee, I do lose a thing
That none but fools would keep. A breath thou art,
Servile to all the skyey influences
That dost this habitation where thou keep'st
Hourly afflict. Merely, thou art Death's fool;
For him thou labour'st by thy flight to shun,
And yet run'st toward him still. Thou art not noble;
For all th'accommodations that thou bear'st
Are nurs'd by baseness. Thou'rt by no means
                                        valiant;
For thou dost fear the soft and tender fork
Of a poor worm. Thy best of rest is sleep;

And that thou oft provok'st, yet grossly fear'st
Thy death, which is no more. Thou art not thyself;
For thou exists on many a thousand grains
That issue out of dust. Happy thou art not;
For what thou hast not, still thou striv'st to get,
And what thou hast, forget'st.

Measure for Measure, III,1

Sprich zum Leben so:
Verlier ich dich, verliere ich ein Ding,
An dem ein Narr nur hängt. Ein Lufthauch bist du,
Ganz unterworfen all den Sphärenkräften,
Die diese Hülle, die du hier bewohnst,
Stündlich bedrohn. Bist nur dem Tod sein Narr;
Du hilfst ihm noch, denn deine Müh zu fliehn
Treibt dich ihm schneller zu. Du bist nicht edel;
Denn alle Lebensfrucht, die du gebierst,
Zieht die Gemeinheit groß. Du bist auch gar nicht
                                                heldisch;
Denn dich erschreckt das zarte, sanfte Zünglein
Vom ärmsten Schlängelwurm. Ruh hast du nur im
                                                Schlaf;
Den suchst du oft und schauderst doch vorm Tod,
Der weiter nichts ist. Du bist nicht du selbst;
Denn du bestehst aus vielen tausend Körnchen,
Aus Staub geboren. Glücklich bist du nicht;
Denn was du nicht hast, willst dir stets erjagen,
Mißachtend, was du hast.

Maß für Maß, III,1

… but to die, and go we know not where;
To lie in cold obstruction, and to rot;
This sensible warm motion to become
A kneaded clod; and the delighted spirit
To bath in fiery floods, or to reside
In thrilling region of thick-ribbed ice;
To be imprison'd in the viewless winds
And blown with restless violence round about
The pendent world: or to be worse than worst
Of those that lawless and incertain thought
Imagine howling, – 'tis too horrible.
The weariest and most loathed worldly life
That age, ache, penury and imprisonment
Can lay on nature, is a paradise
To what we fear of death.

Measure for Measure, III, 1

Why, he that cuts off twenty years of life
Cuts off so many years of fearing death.

Julius Caesar, III, 1

... aber sterben, gehn, wer weiß wohin;
In kalter Starre liegen und verrotten;
Dies fühlbar warme, lebensvolle Pulsen
Zu Schleim verklumpt; und lichter, leichter Geist
In Feuerfluten badend, oder hausend
Im Klirrfrost unter schwerem Scholleneis;
Gefangen sein in unsichtbaren Winden
Und ruhelos gewaltsam rundgewirbelt
Sein um den schwebenden Planet: ja, schlimmer
Noch als das Schlimmste sein: von denen sein,
Die hirnzersprengend zügelloses Denken
Sich schreiend vorstellt – es ist zu entsetzlich.
Das schwerste, ekeligste Erdenleben,
Das Alter, Armut, Schmerz, Gefangenschaft
Dem Sein kann auferlegen, ist ein Paradies
Vor dem, was wir vom Tode fürchten.

Maß für Maß, III,1

Ach, der, der zwanzig Jahre Leben kappt,
Kappt damit zwanzig Jahre Todesfurcht.

Julius Cäsar, III,1

But life, being weary of these worldly bars,
Never lacks power to dismiss itself.

Julius Caesar, I,3

> Full fadom five thy father lies;
> Of his bones are coral made;
> Those are pearls that were his eyes:
> Nothing of him that doth fade,
> But doth suffer a sea-change
> Into something rich and strange.
> Sea-nymphs hourly ring his knell:
> Ding-dong.
> Hark! now I hear them, – Ding-dong, bell.

The Tempest, I,2

Ah, what a sign it is of evil life,
Where death's approach is seen so terrible!

Henry VI, Part 2, III,3

Dem Leben, wird's die Erdenzwänge leid,
Fehlt nie die Kraft, sich selbst draus zu entlassen.

Julius Cäsar, I,3

Fünf Faden tief dein Vater liegt,
Sein Skelett wird zu Koralle,
Seine Augen Meerkristalle,
Nichts Lebendiges versiegt,
Geht Verwandlungen des Meeres
Ein in Seltsames und Hehres.
Nymphen tönen Glockenklang:
Ding-dong.
Horch! Ding-dong klang im Wellensang.

Der Sturm I,2

Ach welch ein Zeichen, das, für böses Leben
Wenn man das Nahn des Tods so schrecklich sieht.

Heinrich VI, 2. Teil, III,3

The Seasons

Contagious fogs, which, falling in the land,
Hath every pelting river made so proud
That they have overborne their continents.
The ox hath therefore stretch'd his yoke in vain,
The ploughman lost his sweat, and the green corn
Hath rotted ere his youth attain'd a beard;
The fold stands empty in the drowned field,
And crows are fatted with the murrion flock;
The nine-men's-morris is fill'd up with mud,
And the quaint mazes in the wanton green
For lack of tread are undistinguishable.
The human mortals want their winter cheer:
No night is now with hymn or carol blest.
Therefore the moon, the governess of floods,
Pale in her anger, washes all the air,
That rheumatic diseases do abound.
And thorough this distemperature we see
The seasons alter: hoary-headed frosts
Fall in the fresh lap of the crimson rose;
And on old Hiems' thin and icy crown,

Die Jahreszeiten

Giftige Nebel, die fielen in das Land
Und ließen jedes Rinnsal stolzgeschwellt
Aus seinem Bett in Feld und Wiesen steigen.
Der Ochse stemmte sich umsonst ins Joch,
Umsonst war Bauernschweiß, denn jung verfault
Das Korn, bevor der Ähren Stachelbart
Ihm sprießt – ersäufte Felder, leere Hürden,
Und Krähen mästen sich am kranken Vieh.
Die Reitbahn sinkt in Schlamm, das Labyrinth
Aus Buchsbaumhecken wuchert ohne Pflege
Ununterscheidbar filzig ins Gestrüpp.
Die Menschen beten, daß der Winter kommt.
Die Nacht hört weder Lied noch Dankgebet.
Drum wäscht der Mond, der Herrscher aller Fluten,
In bleichem Zorn die Nachtluft feucht und klamm,
Daß Fieberkrankheit sich verbreiten muß.
Durch die Zerrüttung weit und breit ändern
Sich Jahreszeiten: denn weißpelzig beißt
Der Frost sich in den Schoß der Purpurrose,
Und die kristallne, eisbereifte Krone

An odorous chaplet of sweet summer buds
Is, as in mockery, set; the spring, the summer,
The childing autumn, angry winter, change
Their wonted liveries; and the mazed world,
By their increase, now knows not which is which.

A Midsummer Night's Dream, II,1

When daisies pied and violets blue
And lady-smocks all silver-white
And cuckoo-buds of yellow hue
Do paint the meadows with delight.
The cuckoo then, on every tree,
Mocks married men; for thus sings he, Cuckoo;
Cuckoo, cuckoo: O word of fear,
Unpleasing to a married ear!
When shepherds pipe on oaten straws,
And merry larks are ploughman's clocks,
When turtles tread, and rooks, and daws,
And maidens bleach their summer smocks,
The cuckoo then, on every tree,
Mocks married men; for thus sings he,
        Cuckoo;
Cuckoo, cuckoo; O word of fear,
Unpleasing to a married ear!

Des Winterkönigs schmücken Sommerknospen
Wie zum Gespött. Das Frühjahr und der Sommer,
Der Ernteherbst, der rauhe Winter tauschen
Die Kleider unter sich – die Welt wird irr
An ihren Früchten, weiß nicht, wer was ist.

Ein Sommernachtstraum, II,1

Wenn Tulpen bunt und Veilchen blau
Und Primeln gelb und karmesin
Und Kuckucksblumen Wies' und Au
Mit Farben fröhlich überziehn,
Dann singt vom Baum der Kuckuck froh
Dem Ehemann sein Spottlied so: Kuckuck;
Kuckuck, Kuckuck, o schlimmer Klang,
Dem Ohr des Ehemanns wird bang.
Wenn Schäfers Flötenlied erklingt
Und Lerchenschlag den Pflüger weckt,
Wenn Täuberich aufs Täubchen springt
Und Wäsche auf der Leine steckt,
Dann singt vom Baum der Kuckuck froh
Dem Ehemann sein Spottlied so:
        Kuckuck;
Kuckuck, Kuckuck, o schlimmer Klang,
Dem Ohr des Ehemanns wird bang.

When icicles hang by the wall,
And Dick the shepherd blows his nail,
And Tom bears logs into the hall,
And milk comes frozen home in pail,
When blood is nipp'd, and ways be foul,
Then nightly sings the staring owl,
          Tu-whit;
          Tu-who, a merry note,
While greasy Joan doth keel the pot.
When all aloud the wind doth blow,
And coughing drowns the parson's saw,
And birds sit brooding in the snow,
And Marian's nose looks red and raw,
When roasted crabs hiss in the bowl,
Then nightly sings the staring owl,
          Tu-whit;
          Tu-who, a merry note,
While greasy Joan doth keel the pot.

Love's Labour's Lost, V,2

Wenn's Hausdach vor Eiszapfen starrt,
Und Frost Hirt Franz die Hand zerbeißt,
Und Hans das Holz zum Ofen karrt,
Und gleich die Milch im Topf vereist,
Wenn's Blut gefriert, der Weg versinkt,
Schreit nachts der Kauz, und fröhlich klingt
      Kiwitt, tu-mit!
      im frohen Kreis,
Und Hanna macht den Glühwein heiß.
Wenn Sturmwind heult ums Haus herum,
Und Vögel sitzen schwarz im Schnee,
Und Husten macht den Pfarrer stumm,
Und Klärchens Nas' ganz wund und weh,
Wenn Apfelduft vom Bratrohr dringt,
Schreit nachts der Kauz, und fröhlich klingt
      Kiwitt, tu-mit!
      im frohen Kreis,
Und Hanna macht den Glühwein heiß.

Verlorene Liebesmüh, V,2

Wine

Drink, Sir, is a great provoker of three things – ... nose-painting, sleep, and urine. Lechery, Sir, it provokes, and unprovokes: it provokes the desire, but it takes away the performance. Therefore, much drink may be said to be an equivocator with lechery: it makes him, and it mars him; it sets him on, and it takes him off; it persuades him, and disheartens him; makes him stand to, and not stand to: in conclusion, equivocates him in a sleep, and, giving him the lie, leaves him.

Macbeth II,3

And let me the canakin clink, clink;
And let me the canakin clink;
    A soldier's a man
    O, man's life's but a span;
Why, then, let a soldier drink.

Othello, II,3

Wein

Saufen, Herr, ist ein großer Anreger für dreierlei…
Nasenröte, Schlafen und Wasserlassen. Die Wollust, Herr, die regt es an und regt es ab: stachelt
das Wollen an, aber verhindert die Ausübung der
Lust. Drum könnt man sagen, Saufen ist der jesuiti-
sche Zweideutler bei der Wollust: es schafft sie und
erschlafft sie, es lockt sie und lähmt sie; kitzelt auf
und würgt dann ab; ermuntert sie erst und entmu-
tigt dann; läßt erst strammstehn und dann hängen;
kurz und gut, zweideutelt ihr den Lusttraum und
läßt ihr bloß die Traumlust und kippt sie, schmeißt
sie und verpißt sich.

Macbeth II,3

Stoßt an und der Becher, der klingklingt,
Stoßt an und der Becher, der klingt,
Ein Soldat ist ein Mann,
Das Leben ein Spann,
Drum prosit, Soldaten, und trinkt.

Othello, II,3

If I had a thousand sons, the first human principle I would teach them should be to forswear thin potations, and to addict themselves to sack.

Henry IV, Part 2, IV,3

Drunk! And speak parrot! And squabble! Swagger! Swear! And discourse fustian with one's own shadow! O, thou invisible spirit of wine, if thou hast no name to be known by, let us call thee devil.

Othello II,3

Come, thou monarch of the vine,
Plumpy Bacchus with pink eyne!
In thy fats our cares be drown'd,
With thy grapes our hairs be crown'd:
     Cup us till the world go round,
     Cup us till the world go round!

Antony and Cleopatra, II,7

Wenn ich tausend Söhne hätt, der erste weltliche Menschheits-Grundsatz, den ich sie lehren tät, wär, dünnen Getränken abzuschwören und sich ganz dem Wein zu ergeben.

Heinrich IV, 2. Teil, IV,3

Betrunken! und krakeelen wie ein Papagei! und randalieren! großtun! fluchen! und aufschneiden vorm eigenen Schatten! Oh du unsichtbarer Geist des Weins, wenn du noch keinen Namen hast, dran man dich kennt, dann wolln wir dich Teufel nennen!

Othello II,3

Komm, du Fürst von Wein und Trauben,
Bacchus, Gott mit trunknen Augen!
Unser Leid im Faß ersäufe,
Weinlaub auf die Häupter häufe:
　　Bechert, bis die Welt sich dreht,
　　Bechert, bis die Welt sich dreht.

Antonius und Kleopatra, II,7

I learned it in England, where indeed they are most potent in potting. Your Dane, your German, and your swag-bellied Hollander – drink, ho! – are nothing to your English. … Why, he drinks you with facility your Dane dead drunk; he sweats not to overthrow your Almaine; he gives your Hollander a vomit, ere the next pottle can be filled.

Othello, II,3

Had I but died an hour before this chance,
I had liv'd a blessed time; for, from this instant,
There's nothing serious in mortality;
All is but toys: renown, and grace, is dead;
The wine of life is drawn, and the mere lees
Is left this vault to brag of.

Macbeth, II,3

Hab ich in England gelernt, wo sie schon saufen
vorm taufen. Was der Däne ist und was der Deutsche ist und was der bierbäuchige Holländer ist
beim Schlucken – los, ex! – also das sind Waisen-
knaben gegen die Engländer. ... Mann, der säuft
euch mit Leichtigkeit euern Dänen untern Tisch; der
säuft euch ohne einen Tropfen Schweiß euern Teu-
tonen nieder; der säuft den Holländer ins Kotzen, eh
der nächste Humpen gefüllt ist!

Othello, II,3

Wär ich nur eine Stunde vor der Tat verreckt,
Ich hätt gelebt im Segen; denn forthin
Gibt's nichts mehr von Gewicht im Irdischen;
Alles nur Tand: Ansehn und Ehre tot;
Der Wein des Lebens leergezapft, bloß Bodensatz
Bleibt diesem Weltengruftgewölbe noch zum
                                                    Prahlen!

Macbeth, II,3

Wise Cracks for Wisecrackers

Not Hermia but Helena I love:
Who will not change a raven for a dove?

A Midsummer Night's Dream, II,2

I had rather hear my dog bark at a crow than a man swear he loves me.

Much Ado about Nothing, I,1

She's too low for a high praise, too brown for a fair praise, and too little for a great praise: only this commendation I can afford her, that were she other than she is, she were unhandsome, and being no other but as she is, I do not like her.

Much Ado about Nothing, I,1

Spruchbeuteleien

Nicht Hermia, Helena soll mich berauschen.
Wer würd nicht Krähe gegen Taube tauschen?

Ein Sommernachtstraum, II,2

Lieber höre ich meinen Hund nach einer Krähe
bellen, als einen Mann um Liebe winseln.

Viel Lärm um nichts, I,1

Sie ist zu kurz für ein langes Lob, zu dünn für ein
dickes Lob und zu klein für ein großes Lob; das
einzige Kompliment, das ich ihr machen kann, ist:
wäre sie anders, als sie ist, wäre sie unhübsch, und
weil sie nichts anderes ist, gefällt sie mir nicht.

Viel Lärm um nichts, I,1

Bull Jove, sir, had an amiable low,
And some such strange bull leap'd your father's

cow,

And got a calf in that same noble feat
Much like to you, for you have just his bleat.

Much Ado about Nothing, V,4

Does your worship mean to geld and splay all the
youth of the city? … Truly sir, in my poor opinion,
they will to't then. If your worship will take order for
the drabs and the knaves, you need not to fear the
bawds.

Measure for Measure, II,1

But for which of my good parts did you first suffer
love for me?

Much Ado about Nothing, V,2

Stier Zeus bezauberte mit seinem »Muh«,
Und solch ein Stier besprang auch deines Vaters
Kuh
Und zeugte dieser edlen Kuh ein Kalb – im Nu:
Das schaut so dumm und blökt genau wie du.

Viel Lärm um nichts, V,4

Wollen Euer Ehren die jungen Leute in Wien vielleicht zunähen und kastrieren? … Dann ehrlich meiner unmaßgeblichen Meinung nach, Herr, die wollen ran und dran. Euer Ehren müßten ganz einfach die Flittchen und die Freier abschaffen, dann schaffen sich die Kuppler ganz von selber ab.

Maß für Maß, II,1

Und für welche meiner Qualitäten haben Sie zuerst die Liebe erlitten?

Viel Lärm um nichts, V,2

For, as a surfeit of the sweetest things
The deepest loathing to the stomach brings;
Or as the heresies that men do leave
Are hated most of those they did deceive;
So thou, my surfeit and my heresy,
Of all be hated, but the most of me!

A Midsummer Night's Dream, II,2

Prove that ever I lose more blood with love than I will get again with drinking, pick out mine eyes with a ballad-maker's pen, and hang me up at the door of a brothel-house for the sign of blind Cupid.

Much Ado about Nothing, I,1

Yes, in good sooth, the vice is of a great kindred; it is well allied; but it is impossible to extirp it quite, friar, till eating and drinking be put down.

Measure for Measure, III,2

Denn wie nach allzuvielem Zuckerguß
Der Magen häufig sich erbrechen muß,
Wie der ein Ideal am meisten haßt,
Den's früher ganz besonders tief erfaßt,
Sei du, mein idealer Zuckerguß,
Innig von mir gehaßt. Ich mache Schluß.

Ein Sommernachtstraum, II,2

Beweisen Sie mir, daß ich jemals aus Liebe mehr
Blut verliere, als ich mit einer Flasche Rotwein ersetzen kann, bitte schön, dann stechen Sie mir die
Augen mit der Feder eines Verseschmieds aus,
hängen Sie mich über die Tür eines Hurenhauses
und schreiben Sie darunter »Zum blinden Amor«.

Viel Lärm um nichts, I,1

Ja, schon wahr, das Laster hat viele Verwandte;
schwer versippt; aber ausgeschlossen, das ganz
auszurotten, Bruder, bevor Essen und Trinken ab-
geschafft sind.

Maß für Maß, III,2

Lord, I could not endure a husband with a beard on his face! I had rather lie in the woollen.

Much Ado about Nothing, II,1

I would there were no age between ten and three-and-twenty, or that youth would sleep out the rest; for there is nothing in the between but getting wenches with child, wronging the ancientry, stealing, fighting.

The Winter's Tale, III,3

Wooing, wedding, and repenting is as a Scotch jig, a measure, and a cinque-pace: the first suit is hot and hasty like a Scotch jig, and full as fantastical; the wedding mannerly-modest as a measure, full of state and ancientry; and then comes repentance and, with his bad legs, falls into the cinque-pace faster and faster, till he sink into his grave.

Much Ado about Nothing, II,1

O Gott, einen Ehemann mit Bart im Gesicht, so was halt ich nicht aus. Da schlafe ich lieber in Wolldecken.

Viel Lärm um nichts, II,1

Also, wenn's doch bloß nicht das Alter zwischen zehn und dreiundzwanzig gäb; oder daß das junge Burschenvolk die Jahre verschlafen täte; denn in der Zeit dazwischen gibt's doch nix als Mädchen Kinder machen, die Alten ärgern, und stehlen, und raufen.

Das Wintermärchen, III,3

Werben, Heiraten und Bereuen sind wie Tarantella, Menuett und Galopp. Der erste Antrag ist heiß und hastig wie eine Tarantella und genauso angestochen. Die Hochzeit maß- und würdevoll wie ein Menuett, ein Staatsakt. Dann kommt im Galopp die Reue herangeklappert, und mit ihr geht's bis ans Grab.

Viel Lärm um nichts, II,1

Some report, a sea-maid spawned him. Some, that he was begot between two stockfishes. But it is certain that when he makes water, his urine is congealed ice.

Measure for Measure, III,2

She speaks poniards, and every word stabs: if her breath were as terrible as her terminations, there were no living near her, she would infect to the North Star.

Much Ado about Nothing, II,1

When I said I would die a bachelor, I did not think I should live till I were married.

Much Ado about Nothing, II,3

Every one can master a grief but he that has it.

Much Ado about Nothing, III,2

Manche sagen, eine Meerjungfrau hätt ihn gelaicht.
Manche, zwei Stockfische hätten ihn angefertigt.
Aber soviel steht fest, wenn der sein Wasser ab-
schlägt, kommt der Urin gefroren.

Maß für Maß, III,2

Sie spricht Dolche, jedes Wort sticht. Wär ihr Atem
so beißend wie ihre Ausdrücke, da gäb's kein Leben in ihrer Nähe: bis zum Polarstern würd alles
ersticken.

Viel Lärm um nichts, II,1

Als ich sagte, ich würde als Junggeselle sterben,
hatte ich nicht gedacht, daß ich bis zu meiner
Hochzeit überleben würde.

Viel Lärm um nichts, II,3

Über Schmerzen lachen ist kein Kunststück, wenn
der andere sie hat.

Viel Lärm um nichts, III,2

He that drinks all night, and is hanged betimes in the morning, may sleep the sounder all the next day.

Measure for Measure, V,3

But manhood is melted into curtsies, valour into compliment, and men are only turned into tongue, and trim ones too.

Much Ado about Nothing, IV,1

Nay then, give him another staff; this last was broke cross.

Much Ado about Nothing, V,1

Fools are as like husbands as pilchards are to herrings, the husband's the bigger.

Twelfth Night, III,1

Thy wit is as quick as the greyhound's mouth, it catches.

Much Ado about Nothing, V,2

Wer die ganze Nacht säuft und morgens frühzeitig gehängt wird, hat den ganzen Tag zum Ausschlafen.

Maß für Maß, IV,3

Männer sind Waschlappen, man kann sie auswringen, bis das Schmalz tropft, nur im Anpöbeln und Süßholzraspeln sind sie stark.

Viel Lärm um nichts, IV,1

Man reiche ihm einen neuen Witz, sein letzter war faul.

Viel Lärm um nichts, V,1

Narren und Ehemänner sind wie Sardinen und Heringe: der Ehemann ist der größere.

Was ihr wollt, III,1

Du hast einen Witz wie ein Kettenhund – er ist so verbissen.

Viel Lärm um nichts, V,2

Foul words is but foul wind, and foul wind is but foul breath, and foul breath is noisome; therefore I will depart unkissed.

Much Ado about Nothing, V,2

In a retreat he outruns any lackey; marry, in coming on he has the cramp.

All's well that ends well, IV,3

I had rather hear a brazen canstick turn'd,
Or a dry wheel grate on the axle-tree,
And that would set my teeth nothing on edge,
Nothing so much as mincing poetry –
'Tis like the forc'd gait of a shuffling nag.

Henry IV, Part 1, III,1

Faule Witze sind wie faule Zähne, sie machen einen faulen Atem, und darum geh ich jetzt lieber unge-küßt.

Viel Lärm um nichts, V,2

Beim Rückzug überrennt er jeden Meldeläufer; weiß Gott, und beim Angriff hat er Wadenkrämpfe.

Ende gut, alles gut, IV,3

Hör lieber Kreide auf der Tafel kratzen
Oder am Karren trockne Achsen quietschen,
Und das träf mir in keinem Zahn den Nerv
Um nichts so sehr wie dieses Vers-Geklapper –
Ist wie der Hinke-Trab von 'nem dressierten Gaul.

Heinrich IV, 1. Teil, III,1

True and Untrue

True swains in love shall, in the world to come,
Approve their truth by Troilus; when their rhymes,
Full of protest, of oath, and big compare,
Wants similes, truth tir'd with iteration
(As true as steel, as plantage to the moon,
As sun to day, as turtle to her mate,
As iron to adamant, as earth to th'centre)
Yet, after all comparisons of truth,
As truth's authentic author to be cited,
»As true as Troilus« shall crown up the verse
And sanctify the numbers.

Troilus and Cressida, III,2

Fie, fie upon her!
There's language in her eye, her cheek, her lip –
Nay, her foot speaks; her wanton spirits look out
At every joint and motive of her body.
O, these encounterers, so glib of tongue,
That give accosting welcome ere it comes,

Treu und untreu

Treu Liebende solln in der Zukunftswelt
Bei Troilus ihre Treue schwörn; und wenn
Ihrn Versen voll mit Gleichnis, Schwur und Schwulst
Dann ein Vergleich noch fehlt, treu abgedroschen ist
(So treu wie Stahl, wie Licht zum Tag, wie Nacht
Zum Mond, wie's Täubchen seinem Tauber, wie
Das Eisen zum Magnet, die Welt zum Mittelpunkt) –
Dann soll, nach all den Treuegleichnissen,
Als Urform treuster Treue zu zitieren,
»So treu wie Troilus« erst die Verse krönen
Und ihre Worte heiligen.

Troilus und Cressida, III,2

Oh, pfui Teufel, die!
An ihr spricht alles, Augen, Wangen, Mund,
Ja, selbst ihr Fuß spricht; Brünstigkeit schaut ihr
Aus jedem Körperteil und Hüftenschwung.
Oh, diese Halbbereiten, Zungenglatten,
Die »einverstanden« sagen, eh man fragt,

And wide unclasp the tables of their thoughts
To every ticklish reader: set them down
For sluttish spoils of opportunity
And daughters of the game.

Troilus and Cressida, IV,5

How comes it now, my husband, O, how comes it,

That thou art thus estranged from thyself? –
Thyself I call it, being strange to me,
That undividable, incorporate,
Am better than thy dear self's better part.
Ah, do not tear away thyself from me;
For know, my love, as easy mayst thou fall
A drop of water in the breaking gulf,
And take unmingled thence that drop again,
Without addition or diminishing,
As take from me thyself, and not me too.

The Comedy of Errors, II,2

What sense had I of her stolen hours of lust?
I saw't not, thought it not, it harmed not me.

Und ihr Gedankenbuch gern jedem öffnen,
Den's kitzelt, drin zu lesen: schreibt sie ein
Ins Zunftbuch der Gelegenheitsstrichhuren
Als Töchter des Geschäfts.

Troilus und Cressida, IV,5

Wie kommt es nun, mein Mann, o sag, wie
                                        kommt's,
Daß du entfremdet bist jetzt von dir selbst? –
Ja, von dir selbst, nenn ich's, weil fremd von mir,
Die ich, so unzertrennlich leibvereint,
Der beßre Teil bin deines beßren Teils,
Mehr Fleisch von deinem Fleisch bin als du selbst.
Denn, Liebster, hör, du läßt genauso leicht
Ein Tröpfchen Wasser falln ins Strudelmeer
Und nimmst dies Tröpfchen ohne Minderung
Und ohne Zusatz unvermischt zurück,
Wie du mir dich nimmst, und nicht gleich auch
                                        mich.

Komödie der Irrungen, II,2

Was wußt ich schon von ihren geilen Stunden?
Ich sah nichts, dacht nichts, und mir tat nichts weh;

I slept the next night well, was free and merry;
I found not Cassio's kisses on her lips.
He that is robbed, not wanting what is stolen,
Let him not know't, and he's not robbed at all …
I had been happy if the general camp,
Pioners and all, had tasted her sweet body,
So I had nothing known. O, now, for ever
Farewell the tranquil mind! Farewell content!

Othello, III,3

Sigh no more, ladies, sigh no more,
    Men were deceivers ever:
One foot in sea, and one on shore,
    To one thing constant never.
Then sigh not so, but let them go,
    And be you blithe and bonny,
Converting all your sounds of woe
    Into Hey nonny, nonny.
Sing no more ditties, sing no moe,
    Of dumps so dull and heavy:
The fraud of men was ever so,
    Since summer first was leavy.
Then sigh not so, etc.

Much Ado about Nothing, II,3

Ich schlief nachts gut, aß gut, war froh und munter;
Fand Cassios Küsse nicht auf ihren Lippen.
Wenn dem Beraubten das nicht fehlt, was fortkam,
Dann sagt's ihm nicht, und er ist nicht beraubt!...
Wie glücklich wär ich, wenn das ganze Lager
Samt Nachhut ihren zarten Leib vernascht hätt,
Sofern ich's nur nicht wüßte! O jetzt auf ewig
Lebwohl, du Seelenruh, lebwohl, Zufriedenheit!

Othello, III,3

Seufzt nicht, Mädchen, seufzt nicht mehr,
    Treulos warn Männer immer,
Ein Bein an Land, eins auf dem Meer,
    Beständig sind sie nimmer.
Hört auf zu flehn, laßt sie ruhig gehn,
    Und freut euch, statt zu schluchzen,
Auf daß die Seufzer schnell verwehn,
    Um Heißsassa zu juchzen.
Singt nicht von Kummer, nicht von Leid,
    Von Grillen, die verdrießen,
So war der Männer Trug allzeit,
    Seit Frühlingstriebe sprießen.
Hört auf zu flehn, etc.

Viel Lärm um nichts, II,3

Bawdy

An old hare hoar,
And an old hare hoar,
Is very good meat in Lent.
But a hare that is hoar
Is too much for a score
When it hoars ere it be spent.

Romeo and Juliet, II,4

Fie on sinful fantasy,
Fie on lust and luxury!
Lust is but a bloody fire,
Kindled with unchaste desire,
Fed in heart, whose flames aspire,
As thoughts do blow them, higher and
higher.
Pinch him, fairies, mutually;
Pinch him for his villainy.

The Merry Wives of Windsor, V,5

Schweinkram

Eine Schnepfe so ranzig,
Eine Schnepfe für zwanzig,
Kann man mal karfreitags vernaschen.
Doch ein Vogel so vöglich
Ist völlig unmöglich,
Beim Strich kann man sich leicht was
haschen.

Romeo und Julia, II,4

Pfui aufs Lasterlustgelechze!
Pfui aufs Geilheitsgiergeächze!
Lust ist nur ein Brand im Blut,
Angefacht vom Übermut,
Heiß entflammt zur Herzensglut,
Aufgeschürt zur Sündenwut
Durch der Gedanken Feuerflut.
Zwickt ihn, Elfen, frank und frei,
Zwackt ihn für die Schurkerei.

Die lustigen Weiber von Windsor, V,5

Beauty

O, she doth teach the torches to burn bright.
It seems she hangs upon the cheek of night
As a rich jewel in an Ethiop's ear –
Beauty too rich for use, for earth too dear!
So shows a snowy dove trooping with crows,
As yonder lady o'er her fellows shows.
The measure done, I'll watch her place of stand,
And, touching hers, make blessed my rude hand.
Did my heart love till now? Forswear it, sight.
For I ne'er saw true beauty till this night.

Romeo and Juliet, I,5

AUDREY: Would you not have me honest?

TOUCHSTONE: No truly, unless thou wert hard-
    favoured; for honesty coupled to beauty is to
    have honey a sauce to sugar.

As You Like It, III,3

Schönheit

Sie hat das Licht zum Leuchten erst gebracht!
Sie funkelt an den Wangen dieser Nacht
Wie im Ägypterohr ein Edelstein –
Schönheit unfaßbar reich, der Welt zu rein!
Als weiße Taube, unter Krähn verschlagen,
Sieht man sie diese Weiber überragen.
Gleich nach dem Tanz will ich ihr hier begegnen,
Und, sie berührend, meine Hände segnen.
Augen, vergeßt! Kannt ich der Liebe Macht?
Nie sah ich solche Schönheit bis heut nacht!

Romeo und Julia, I,5

KÄTE: Ja, möchten Sie denn nicht, daß ich
    anständig bin?
PROBSTEIN: Nein, wahrhaftig nicht; außer du
    wärst potthäßlich; denn schön und zugleich
    anständig, das ist wie Honigsauce über Zucker-
    guß.

Wie es euch gefällt, III,3

O Helen, goddess, nymph, perfect, divine!
To what, my love, shall I compare thine eyne?
Crystal is muddy. O how ripe in show
Thy lips, those kissing cherries, tempting grow!
That pure congealed white, high Taurus' snow,
Fann'd with the eastern wind, turns to a crow
When thou hold'st up thy hand. O let me kiss
This princess of pure white, this seal of bliss!

A Midsummer Night's Dream, III,2

How beauteous mankind is! O brave new world,
That has such people in 't!

The Tempest, V,1

Wilt thou be daunted at a woman's sight?
Ay, beauty's princely majesty is such,
Confounds the tongue and makes the senses
                              rough.

Henry VI, Part 1, V,3

Helena, Göttin, Nymphe, Tugendreiche!
Für deine Augen fehlen mir Vergleiche!
Kristall ist schmutzig! Und wie rot und rund
Lockt mich dein Kirschenküsseko̊semund!
Der weiße Schneeberg des Himalaya
Steht neben dir als Kohlenhalde da!
O reiche mir so wunderweiß und rein
Zum Kuß die kleine Hand aus Elfenbein!

Ein Sommernachtstraum, III,2

Wie schön die Menschheit ist! O schöne, neue Welt,
Die solche Wesen trägt!

Der Sturm, V,1

Verschüchtert wirst vom Anblick einer Frau?
O ja, der Schönheit Fürstenmajestät
Verwirrt die Zunge und betäubt den Geist.

Heinrich VI, 1. Teil, V,3

Ever-living

Shall I compare thee to a summer's day?
Thou art more lovely and more temperate:
Rough winds do shake the darling buds of May,
And summer's lease hath all too short a date:

Sometime too hot the eye of heaven shines,
And often is his gold complexion dimmed,
And every fair from fair sometime declines,
By chance, or nature's changing course
                                    untrimmed:

But thy eternal summer shall not fade,
Nor lose possession of that fair thou ow'st,
Nor shall death brag thou wand'rest in his shade,
When in eternal lines to time thou grow'st,

So long as men can breathe or eyes can see,
So long lives this, and this gives life to thee.

Sonnet 18

Sterbliche Unsterblichkeit

Sollt ich, daß du dem Sommertag gleichst, dichten?
Wo du doch maßvoller bist, sanfter, sacht…
Sein Junisturm wird Maiens Flor zernichten,
Und allzu kurz währt Sommers Lebenspacht.

Zu heiß manchmal sein Sonnenaugenball,
Und oft gewittergrau sein »golden Kleid«,
Und all des Schönen Schönheit trifft Verfall
Durch Wandel, durch Zeitunaufhaltsamkeit.

Doch dein, dein ewger Sommer soll nicht blassen,
Noch soll das Schöne, das du hast, verwehn,
Noch soll Tod stolz am Styx dich wandern lassen,
Denn du im ewgen Vers wirst fortbestehn,

Solang wer lebt, der Augen hat zu lesen:
Solang lebt dies, und in ihm lebt dein Wesen.

Sonett 18

Poetry

Lovers and madmen have such seething brains,
Such shaping fantasies, that apprehend
More than cool reason ever comprehends.
The lunatic, the lover, and the poet
Are of imagination all compact:
One sees more devils than vast hell can hold;
That is the madman: the lover, all as frantic,
Sees Helen's beauty in a brow of Egypt:
The poet's eye, in a fine frenzy rolling,
Doth glance from heaven to earth, from earth to
heaven;
And as imagination bodies forth
The forms of things unknown, the poet's pen
Turns them to shapes, and gives to airy nothing
A local habitation and a name.

A Midsummer Night's Dream, V,1

Poesie

Verliebten und Verrückten kocht das Hirn,
Die Phantasie treibt Blüten, fabuliert
Mehr als ein klarer Kopf verstehen kann.
Verrückte, Dichter, Liebende bestehn
Schlichtweg aus Einbildung: Der eine sieht
Mehr Teufel, als die Hölle fassen kann:
Das ist der Irre. Der Verliebte, wirr
Wie jener, sieht in der Zigeunerin
Die Schönheit Helenas. Der Dichterblick,
Der schön im Wahnsinn flackert, zuckt von Erd
Zu Himmel, zuckt vom Himmel auf die Erde.
Und wie die Phantasie Ideen ausgebiert
Von unbekannten Dingen, bannt der Stift
Des Dichters sie in Formen ein und gibt
Luftigem Nichts in Worten ein Zuhause.

Ein Sommernachtstraum, V,1

Assist me, some extemporal god of ryhme, for I am
sure I shall turn sonnet. Devise, wit; write, pen.

Love's Labour's Lost, I,2

I'll rhyme you so, eight years together; dinners and
suppers and sleeping-hours excepted. It is the right
butter-women's rank to market…
For a taste.

> If a hart do lack a hind,
> Let him seek out Rosalind.
> If the cat will after kind,
> So be sure will Rosalind.
> Winter'd garments must be lin'd,
> So must slender Rosalind.
> They that reap must sheaf and bind,
> Then to cart with Rosalind.
> Sweetest nut hath sourest rind,
> Such a nut is Rosalind.
> He that sweetest rose will find
> Must find love's prick, and Rosalind.

As You Like It, III,2

Steh mir ein Gott der Stegreifreime bei, denn ich
spüre, aus mir wird ein wandelndes Sonett. Kreiere,
Geist! schreib, Feder!

Verlorene Liebesmüh, I,2

So reim ich Ihnen acht Jahre am Stück, Mahlzeiten,
Nachtruhe und Austreten ausgenommen. Da hop-
peln die Verse über die Füße wie die Butterfrauen
zum Markt …
Kostprobe:

> Braucht der Stier ein weiblich Rind,
> Schickt ihn nur zu Rosalind.
> Wie die Katze kommt zum Kind,
> So macht's die Jungfrau Rosalind.
> Weil die Decken wärmend sind,
> Läßt sich decken Rosalind.
> Oft hat's Folgen, wenn man minnt,
> Drum zum Pranger, Rosalind.
> Süßer Kern und rauh die Rind,
> Solche Nuß ist Rosalind.
> Wer ihr Röslein pflückt, der find
> Die scharfe Dorne Rosalind.

Wie es euch gefällt, III,2

AUDREY: I do not know what ›poetical‹ is.
   Is it honest in deed and word? Is it a true
   thing?
TOUCHSTONE: No truly; for the truest poetry is
   the most feigning, and lovers are given to poetry; and what they swear in poetry may be said
   as lovers they do feign.

As You Like It, III,3

Marry, I cannot show it in rhyme; I have tried. I can
find out no rhyme to »lady« but »baby« – an innocent
rhyme; for »scorn«, »horn« – a hard rhyme; for
»school«, »fool« – a babbling rhyme; very ominous
endings! No, I was not born under a rhyming planet,
nor I cannot woo in festival terms.

Much Ado about Nothing, V,2

Our poesy is as a gum which oozes
From whence 'Tis nourish'd.

Timon of Athens, I,1

KÄTE: Ich weiß nicht, was poetisch heißt. Ist
das anständig in Wort und Tat? Ist das was
Wahrhaftiges?

PROBSTEIN: Nein, wahrhaftig nicht; denn die
wahrste Poesie lügt am meisten, und Verliebte
lieben die Poesie; und daraus läßt sich schlie-
ßen, was sie poetisch schwören, ist verliebt
gelogen.

Wie es euch gefällt, III,3

Nur kann ich mich in Reimen nicht so gut aus-
drücken; ich hab's versucht: bei Frauen fällt mir nur
Vertrauen ein – und das glaub ich nicht; für Liebe
nur Hiebe, das ist zu einseitig; und bei Kuß nur Ver-
druß – das kann nicht angehn. Alles sehr verfängli-
che Reime. Nein, ich bin nicht zum Dichter geboren,
und ich kann auch nicht in Kreuzreimen lieben.

Viel Lärm um nichts, V,2

Lyrik ist wie ein Harz, das dem entquillt,
Aus dem sich's nährt.

Timon von Athen, I,1

Language

A sentence is but a chev'ril glove to a good
wit – how quickly the wrong side may be turned
outward!

Twelfth Night, III,1

Words, words, mere words, no matter from the heart.

Troilus and Cressida, V,3

I can yield you none without words, and words are
grown so false, I am loath to prove reason with
them.

Twelfth Night, III,1

You taught me language; and my profit on 't
Is, I know how to curse. The red plague rid you
For learning me your language!

The Tempest, I,2

Sprache

Ein kluger Satz ist für einen schlauen Kopf nur ein Ziegenlederhandschuh: wie schnell ist die falsche Seite nach außen gestülpt!

Was ihr wollt, III,1

Worte, Worte, Worte nur, vom Herzen nichts.

Troilus und Cressida, V,3

Ich kann keinen Grund sagen ohne Worte, und Worte sind so zwiespältig, daß die Bedeutung immer zwischen ihnen durchfällt.

Was ihr wollt, III,1

Sprache hast mich gelehrt, und mein Gewinn
Ist, daß ich fluchen kann. An Pest krepier
Fürs Lehren deiner Sprache!

Der Sturm, I,2

… being chosen for the Prince's watch … First, who think you the most desartless man to be constable? … Come hither, neighbour Seacoal. God hath blest you with a good name: to be a well-favoured man is the gift of fortune, but to write and read comes by nature … Well, for your favour, sir, why, give God thanks, and make no boast of it; and for your writing and reading, let that appear when there is no need of such vanity …. You are thought here to be the most senseless and fit man for the constable of the watch; therefore bear you the lantern. This is your charge: you shall comprehend all vagrom men … You shall also make no noise in the streets: for, for the watch to babble and to talk is most tolerable, and not to be endured.

Much Ado about Nothing, III,3

They have been at a great feast of languages, and stolen the scraps.

Love's Labour's Lost, V,1

Männer, ihr seid als Wache des Prinzen Pedro spezial ausgewählt … Erstens: wer hat nach eurer Meinung die höchste Konsistenz zum Wachtmeister? … Vortreten, Bullermann! Gott hat Ihnen den richtigen Namen gegeben. Eine gesunde Physik ist eine Gottesgabe, aber Lesen und Schreiben kommt aus der Natur. … Also, für Ihre Physik danken Sie Gott und übertreiben Sie sich nicht. Das mit dem Schreiben und Lesen können Sie fallenlassen, wo man kein Aufheben von Nichtigkeiten macht. Wir meinen, daß Sie die richtige Senilität und Quantifikation zum Wachtmeister haben. Sie tragen die Laterne. Ihr Auftrag: alle verdächtigen Exkremente festnehmen … Macht keinen Lärm in den Straßen. Spektakulieren und Wandalieren im Dienst ist nicht intolerant und erlaubt.

Viel Lärm um nichts, III,3

Die warn bei einem großen Festgelage der Sprachen und haben die Brocken gemopst, die runterfielen.

Verlorene Liebesmüh, V,1

Slanders, Slurs and Curses

Blow, winds, and crack your cheeks! rage! blow!
You cataracts and hurricanoes, spout
Till you have drench'd our steeples, drown'd the
cocks!
You sulph'rous and thought-executing fires,
Vaunt-couriers of oak-cleaving thunderbolts,
Singe my white head! And thou, all-shaking
thunder,
Strike flat the thick rotundity o'th'world!
Crack Nature's moulds, all germens spill at once
That makes ingrateful man!

King Lear, III,2

As wicked dew as e'er my mother brush'd
With raven's feather from unwholesome fen
Drop on you both! a south-west blow on ye
And blister you all o'er!

The Tempest, I,2

Verflucht, verwünscht und verteufelt

Blas, Wind, daß platzt die Backe! tobe! blas!
Ihr Katarakte, Hurrikane, spuckt,
Bis ihr den Kirchturmspitz ersäuft, den Hahn
                                   ertränkt!
Ihr schwefligen, hirnschnellen Feuerblitze,
Vortrupp des Donnerkeils, der Eichen bricht,
Sengt mir mein Weißhaar! Und du, All-Schmettrer,
                                   Donner,
Schlag flach den fetten Rundbauch dieser Welt!
Spreng jede Gußform der Natur, alln Lebenskeim
Stäub jetzt davon, der Undank-Menschen macht!

König Lear, III,2

Gifthexentau, wie meine Mutter je
Mit Rabenfedern strich vom Fäulnismoor,
Fall auf euch zwei! Ein Südwest pfeif euch an
Und blas euch Pusteln auf!

Der Sturm, I,2

The pox of such antic lisping affecting fantasti-coes, these new tuners of accent. By Jesu, a very good blade, a very tall man, a very good whore! Why, is not this a lamentable thing, grandsire, that we should be thus afflicted with these strange flies, these fashion-mongers, these »pardon-me's«, who stand so much on the new form that they cannot sit at ease on the old bench? O their bones, their bones!

Romeo and Juliet, II,4

Now the rotten diseases of the south, the guts-gri-ping, ruptures, catarrhs, loads o' gravel i'th'back, lethargies, cold palsies, raw eyes, dirt-rotten livers, whissing lungs, bladders full of impostume, sciati-cas, lime-kilns i'th'palm, incurable bone-ache, and the rivelled fee-simple of the tetter, take and take again such preposterous discoveries!

Troilus and Cressida, V,1

Die schwarzen Blattern auf diese lächerlichen, säuselnden, affektiert geschleckten Lackaffen! diese Sprachverballhorner! »Jesus, eine echt gute Klinge! ein echt bedeutender Mann! eine echt gute Hure!« Ist das nicht zum Davonlaufen, Großvater, wie wir von diesem ausländischen Geschmeiß belästigt werden, diesen Modeheinis, diesen Pardonnez-moi's, die so auf allem Neumodischen stehn, daß sie sich altmodisch nicht mal mehr setzen können? Ah, c'est Po! c'est Po!

Romeo und Julia, II,4

Jetzt alle Schleimseuchen des Südens, Dickdarmkrämpfe, Leistenbrüche, tropfende Katarrhe, Nierensteine kieselgroß, Schlagflüsse, steife Lähmungen, entzündete Triefaugen, verfaulende Leber, kurzpfeifende Lungen, Bladdern prall voller Eiter, Ischiasreißen, Schuppenflechten, unheilbarer Knochenfraß und die ewige Erbpacht blutblasiger Furunkel piesack und piesack zweifach solche widerlich widernatürlichen Umtriebe!

Troilus und Cressida, V,1

Hear, Nature, hear! dear Goddess, hear!
Suspend thy purpose, if thou didst intend
To make this creature fruitful!
Into her womb convey sterility!
Dry up in her the organs of increase,
And from her derogate body never spring
A babe to honour her! If she must teem,
Create her child of spleen, that it may live
And be a thwart disnatur'd torment to her!
Let it stamp wrinkles in her brow of youth,
With cadent tears fret channels in her cheeks,
Turn all her mother's pains and benefits
To laughter and contempt, that she may feel
How sharper than a serpent's tooth it is
To have a thankless child! Away, away!

King Lear, I,4

If thou neglect'st, or dost unwillingly
What I command, I'll rack thee with old cramps,
Fill all thy bones with aches, make thee roar,
That beasts shall tremble at thy din.

The Tempest, I,2

Hör, hör, Natur, hör! teure Göttin, hör!
Gib auf die Absicht, wenn's dein Wille war,
Daß das Geschöpf da Frucht trägt!
In ihren Leib verpflanz Unfruchtbarkeit!
Vertrockne ihr's Organ für die Vermehrung,
Und nie entspring aus ihrem schandbarn Leib
Ein Säugling ihr zu Ehrn! Wenn sie gebärn muß,
Schaff ihr ein Kind aus Galle, das ihr lebt
Zur entnatürlich-widerlichen Qual!
Laß es ihr Runzeln graben in die frische Stirn,
Ätztränen Furchen ins Gesicht ihr fressen,
Kehr all ihr Mutterweh und Mutterglück
In Hohn und Spottgelächter, daß sie fühlt,
Wie schärfer als ein Schlangenbiß es ist,
Danklos ein Kind zu haben! Fort jetzt, fort!

König Lear, I,4

Wenn du's nicht tust, ja auch nur bockig tust,
Was ich befehl, dann quäl ich dich mit Krämpfen,
Verschaff dir Gliederreißen, mach dich schrein,
Daß wilde Tiere schaudern vor dem Lärm.

Der Sturm I,2

Consumptions sow
In hollow bones of man; strike their sharp shins,

And mar men's spurring. Crack the lawyer's voice,

That he may never more false title plead,
Nor sound his quillets shrilly. Hoar the flamen,

That scolds against the quality of flesh,
And not believes himself. Down with the nose,
Down with it flat, take the bridge quite away
Of him that, his particular to foresee,
Smells from the general weal. Make curl'd-pate
                                    ruffians bald,
And let the unscarr'd braggarts of the war
Derive some pain from you. Plague all,
That your activity may defeat and quell
The source of all erection.

Timon of Athens, IV,3

Lechery, lechery, still wars and lechery! Nothing else
holds fashion. A burning devil take them!

Troilus and Cressida, V,2

Die Syph und Tripper sät
In's Knochenmark der Männer; Pusteln ihren
                                          Schenkeln,
Ihrn Sporn macht schlapp. Vereitert's Maul des
                                          Anwalts,
Daß der nie mehr plädier für falschen Anspruch,
Noch schwafelnd Recht verdreht. Hurt Aussatz-
                                          flecken
Dem Priester an, der Fleischeslust verdammt,
Und selber nicht dran glaubt. Ab, ab die Nase,
Glatt ab, faul ab, die Knorpel vom Gesicht
Ab dem, der eignen Vorteil jagt, nicht für's
Gemeinwohl schnüffelt. Kämmt kraushaarige
                                          Schläger kahl,
Und schenkt dem narbenlosen Kriegsaufschneider
Ein paar von euren Schmerzen. Plagt sie alle,
Daß euer Tun den Quell erstickt und abwürgt
Von allem, was da steht.

Timon von Athen, IV,3

Geilheit, Geilheit, immer nur Krieg und Geilheit!
Kommt nie aus der Mode. Der Teufel mit dem ver-
brannten Schwanz hol sie doch alle!

Troilus und Cressida, V,2

A knave, a rascal, an eater of broken meats; a base, proud, shallow, beggarly, three-suited, hundred-pound, filthy worsted-stocking knave; a lily-livered, actiontaking, whoreson, glass-gazing, super-serviceable, finical rogue; one-trunk-inheriting slave; one that wouldst be a bawd in way of good service, and art nothing but the composition of a knave, beggar, coward, pandar, and the son and heir of a mongrel bitch: one whom I will beat into clamorous whining if thou deni'st the least syllable of thy addition.

King Lear, II,2

The common curse of mankind, folly and ignorance, be thine in great revenue: Heaven bless thee from a tutor, and discipline come not near thee! Let thy blood be thy direction till thy death: then if she that lays thee out says thou art a fair corse, I'll be sworn and sworn upon't, she never shrouded any but lazars. Amen.

Troilus and Cressida, II,3

(Ich kenn dich) als Schuft, als Gauner, als Reste-
fresser; als gemeinen, eitlen, seichten, katzbuckeln-
den, Kost-und-Logis-mickernden, reinkriechenden,
dreckigen Flickstrumpf-Lump; als bangbüchsigen,
milchherzigen, memmischwinkelzügigen Huren-
sohn, spiegeläffischen, kreuzkrumm-dienernden,
kleinkarierten Schubiack; Drei-Kreuzer-Hungerlöh-
ner; der sich zur Hure macht aus Diensteilfertig-
keit, und bist nichts als ein Gemengsel aus Schuft,
Hungerleider, Feigling, Zuhälter und der Sohn und
Erbe einer Hundsbastardhure: einer, den ich ins
Wimmern und Winseln prügel, wenn du die kleinste
Silbe leugnest von deinen Ehrentiteln.

König Lear, II,2

Der allgemeine Fluch der Menschheit, Dummheit
und Ignoranz, sei dein in großen Portionen! Die Vorsehung schütze und bewahre dich vor einem Lehr-
meister, und keine Bildung komme dir nah! Lasse
dein heißes Blut dir dein Hirn ersetzen, bis daß
du selig verendest: wenn dann diejenige, die dich
aufbahrt, sagt, du wärst eine schöne Leiche, dann
schwör ich Eid um Eid schwör ich, die hat bisher
bloß Lepraleichen rausgeputzt. Amen.

Troilus und Cressida, II,3

Weariness

Tired with all these, for restful death I cry,
As to behold desert a beggar born,
And needy nothing trimmed in jollity,
And purest faith unhappily forsworn,

And gilded honour shamefully misplaced,
And maiden virtue rudely strumpeted,
And right perfection wrongfully disgraced,
And strength by limping sway disabléd

And art made tongue-tied by authority,
And folly, doctor-like, controlling skill,
And simple truth miscalled simplicity,
And captive good attending captain ill.

Tired with all these, from these would I be gone,
Save that to die, I leave my love alone.

Sonnet 66

Überdruss

All dessen müd, wünsch ich im Tod mir Ruh –
Wie, Leistung sehn, geborn zum Bettelstand,
Und nacktes Nichts herausgeputzt zum Schmu,
Und reinste Treue elendigst verkannt,

Und goldne Ehren schandbar falsch verliehen,
Und Mädchenunschuld hurenhaft beschmutzt,
Und wahre Größe unter Wert verschrien,
Und Können rein aus Trägheit nicht genutzt,

Und Kunst kraft Amtsgewalt mundtot gemacht,
Und Dummheit als der Arzt kuriert am Geist,
Und Einfachheit als Einfalt ausgelacht,
Und wie Knecht Gut sich für Herrn Bös verschleißt –

All dessen müd, möcht ich fern allem sein –
Nur daß ich, stürb ich, ließ mein Lieb allein.

Sonett 66

'Sblood, I am as melancholy as a gib cat, or a lugged bear.

Henry IV, Part 1, I,2

More, I prithee more. I can suck melancholy out of a song, as a weasel sucks eggs. More, I prithee more.

As You Like It, II,5

How weary, stale, flat, and unprofitable
Seem to me all the uses of this world!
Fie on't, ah fie, 'tis an unweeded garden
That grows to seed; things rank and gross in nature
Possess it merely.

Hamlet, I,2

Herrgott, ich bin so melancholisch wie ein kastrierter Kater oder ein geköderter Waldbär.

Heinrich IV, Teil 1, I,2

Mehr, ich bitte um mehr. Ich kann Melancholie aus einem Lied saugen wie ein Wiesel aus Eiern die Dotter. Mehr, ich bitte um mehr.

Wie es euch gefällt, II,5

Wie öde, schal, flach, fad und überflüssig
Scheint mir all das Getu in dieser Welt!
Pfui drauf, ah pfui, ein ungeharkter Garten,
Der satt ins Unkraut samt; Kroppzeug prallwüchsig
Herrscht einzig drin.

Hamlet, I,2

Haunting Ghosts

Now the wasted brands do glow,
Whilst the screech-owl, screeching loud,
Puts the wretch that lies in woe
In remembrance of a shroud.
Now it is the time of night
That the graves, all gaping wide,
Every one lets forth his sprite
In the church-way paths to glide.

A Midsummer Night's Dream, V,1

How ill this taper burns! Ha! who comes here?
I think it is the weakness of mine eyes
That shapes this monstrous apparition.
It comes upon me. Art thou any thing?
Art thou some god, some angel, or some devil,
That mak'st my blood cold, and my hair to stare?
Speak to me what thou art.

Julius Caesar, IV,3

Gespensterspuk

Jetzt verglimmt im Herd die Glut,
Käuzchen krächzen Todesfluch,
Daß den Sterbenden das Blut
Schaudert vor dem Leichentuch.
Jetzt zur Nacht beginnt der Spuk,
Wenn es in den Gräbern lebt
Und der Toten Geisterzug
Über Friedhofswegen schwebt.

Ein Sommernachtstraum, V,1

Wie schwach die Kerze brennt! Ha! Wer kommt da?
Das muß die Schwäche meiner Augen sein,
Die diese grausige Erscheinung formt.
Sie kommt mir näher. Bist du irgendwas?
Bist du ein Gott, ein Engel, oder Teufel,
Der mir das Blut vereist und 's Haar mir sträubt?
Sprich zu mir, was du bist.

Julius Cäsar, IV,3

I am thy father's spirit,
Doom'd for a certain term to walk the night,
And for the day confin'd to fast in fires,
Till the foul crimes done in my days of nature
Are burnt and purg'd away. But that I am forbid

To tell the secrets of my prison-house,
I could a tale unfold whose lightest word
Would harrow up thy soul, freeze thy young blood,
Make thy two eyes like stars start from their spheres,
Thy knotted and combined locks to part,
And each particular hair to stand an end
Like quills upon the fretful porpentine.
But this eternal blazon must not be
To ears of flesh and blood. List, list, O list!

Hamlet, I,5

Is this a dagger, which I see before me,
The handle toward my hand? Come, let me clutch
                                              thee: –
I have thee not, and yet I see thee still.
Art thou not, fatal vision, sensible
To feeling, as to sight? or art thou but

Ich bin deines Vaters Geist,
Verurteilt eine Zeit, bei Nacht zu wandeln
Und festgebannt in Feuern tags zu fasten,
Bis faule Frevel, die ich tat zur Lebzeit,
Verglüht und ausgebrannt sind. Wär's mir nicht
                             versagt,
Die Schauer meines Kerkers zu enthülln,
So könnt ich Kunde tun, dern schwächstes Wort
Die Seele dir zerfräß, dir's junge Blut erfrör,
Die Augen fortschöß wie vom Sphärnkreis Sterne,
Dir die verflochtnen dichten Locken trennte
Und jedes Haar sich einzeln sträuben ließ
Wie Borsten am erschreckten Stachelschwein.
Doch solch Posaunen aus dem Ewigen ist nicht
Für Ohrn aus Fleisch und Blut. Hör, hör, o hör!

Hamlet, I,5

Ist das ein Dolch, was ich da vor mir seh,
Den Griff zu meiner Hand? Komm, laß dich
                             packen –
Ich hab dich nicht, und doch, ich seh dich noch.
Bist du fürs Fühlen nicht so wahrnehmbar,
Du Unheilsschemen, wie fürs Sehen? oder bist
                             du nur

A dagger of the mind, a false creation,
Proceeding from the heat-oppressed brain?
I see thee yet, in form as palpable
As this which now I draw.
Thou marshall'st me the way that I was going;
And such an instrument I was to use. –
Mine eyes are made the fools o'th'other senses,
Or else worth all the rest: I see thee still;
And on thy blade, and dudgeon, gouts of blood,
Which was not so before. – There's no such thing.
It is the bloody business which informs
Thus to mine eyes.

Macbeth, II,1

If charnel-houses and our graves must send
Those that we bury, back, our monuments
Shall be the maws of kites.

Macbeth, III,4

Ein Dolch des Innern, eine falsche Schöpfung,
Die austritt aus dem heißzerkochten Hirn?
Ich seh dich noch, in deiner Form so greifbar
Wie der, den ich jetzt zieh.
Du leitest mich den Weg, den ich schon ging;
Und eben solches Werkzeug sollt ich führen. –
Mein Auge wird zum Narrn vor allen Sinnen,
Oder klüger als der Rest: ich seh dich noch;
Und dir an Griff und Klinge Blut, das tropft,
Was vorhin nicht war. – Da ist nichts da.
Es ist das Blutgeschäft, was so sich formt
Vor meinen Augen.

Macbeth, II,1

Wenn Beinhäuser und Gräber rückwärts spucken,
Wen wir begruben, muß der Darm der Geier
Uns künftig Friedhof sein.

Macbeth, III,4

Witches, Fairies and Hobogoblins

Thou speak'st aright;
I am that merry wanderer of the night.
I jest to Oberon, and make him smile
When I a fat and bean-fed horse beguile,
Neighing in likeness of a filly foal;
And sometime lurk I in a gossip's bowl
In very likeness of a roasted crab,
And when she drinks, against her lips I bob,
And on her wither'd dewlap pour the ale.
The wisest aunt, telling the saddest tale,
Sometime for three-foot stool mistaketh me;
Then slip I from her bum, down topples she,
And »tailor« cries, and falls into a cough;

And then the whole quire hold their hips and loffe
And waxen in their mirth, and neeze, and swear
A merrier hour was never wasted there.

A Midsummer Night's Dream, II,1

Hexen, Kobolde und Feen

Du hast mich gut erkannt.
Ich werd der Schabernack der Nacht genannt.
Selbst Oberon lacht über meine Witze,
Wenn ich den vollgefreßnen Hengst erhitze,
Indem ich brünstig wiehere als Stute.
Und ist mir nach Besonderem zumute,
Versteck ich mich im Mostglas der Frau Base
Und spring ihr, will sie trinken, an die Nase
Und kipp den Saft auf ihre Hängebrust.
Es hielt schon manches Klatschweib unbewußt
Mich für den Schemel, wirr im Redeschwall.
Dann schlüpf ich weg, und sie tut einen Fall
Voll auf den Arsch, schreit »hoppla, autsch!« und
                                        hustet.
Da schlägt sich jeder auf die Knie und prustet,
Kichert, wiehert, brüllt und lacht und schwört,
Ein solcher Spaß sei einfach unerhört.

Ein Sommernachtstraum, II,1

'Tis now the very witching time of night,
When churchyards yawn and hell itself breathes out
Contagion to this world. Now could I drink hot
                                    blood,
And do such bitter business as the day
Would quake to look on.

Hamlet, III,2

Round about the cauldron go;
In the poison'd entrails throw. –
Toad, that under cold stone
Days and nights has thirty-one
Swelter'd venom, sleeping got,
Boil thou first i'th'charmed pot.

Double, double toil and trouble:
Fire, burn; and, cauldron, bubble.

Fillet of a fenny snake,
In the cauldron boil and bake;
Eye of newt, and toe of frog,
Wool of bat, and tongue of dog,
Adder's fork, and blind-worm's sting,
Lizard's leg, and howlet's wing,

Jetzt, jetzt ist Hexensabbathzeit der Nacht.
Wenn Gräber gähnend klaffen und Höllnbrodem
Pest ausdampft in die Welt. Heiß jetzt könnt ich
                                        Blut trinken,
Und Taten tun so bitter, daß der Tag
Beim Hinschaun zittern würd.

Hamlet, III,2

　　　Um den Kessel rund und rund;
　　　Giftgedärm zum Kesselgrund. –
　　　Kröte kalt vom Felsgestein,
　　　Tag und Nacht mit dreimal neun
　　　Schlafend schleimgeschwitzter Brut,
　　　Brüh zuerst im Hexensud.

　　Brauche, brauche Müh zur Jauche,
　　Feuer, fauch, und Kessel, rauche.

　　　Schlangenfleisch vom Schwarzmoorteich
　　　Koch im Kessel weiß und weich;
　　　Aug vom Frosch, vom Molch der Kropf,
　　　Flaum vom Kauz, vom Hund der Kopf,
　　　Natternzunge, Blindschleichhaut,
　　　Eidechsbein und Bilsenkraut

For a charm of powerful trouble,
Like a hell-broth boil and bubble.

Double, double toil and trouble:
Fire, burn; and, cauldron, bubble.

Scale of dragon, tooth of wolf;
Witches' mummy; maw, and gulf,
Of the ravin'd salt-sea shark;
Root of hemlock, digg'd i'th'dark;
Liver of blaspheming Jew;
Gall of goat, and slips of yew,
Sliver'd in the moon's eclipse;
Nose of Turk, and Tartar's lips;
Finger of birth-strangled babe,
Ditch-deliver'd by a drab,
Make the gruel thick and slab:
Add thereto a tiger's chaudron,
For th'ingredience of our cauldron.

Double, double toil and trouble:
Fire, burn; and, cauldron, bubble.

Macbeth, IV,1

Zum Gebräu der Mühsal brauche,
Höllenjauche, fauch und schmauche.

Brauche, brauche Müh zur Jauche,
Feuer, fauch, und Kessel, rauche.

Echsenschuppen, Werwolfzahn,
Hexenmumie, Blut und Tran,
Frisch vom Haifischbauch gedrückt;
Wurz vom Schierling, nachts gepflückt;
Leber, warm vom Lästerjud,
Geißengalle, Rattenblut,
Das im Finstermond gegorn;
Nas vom Türk, Tatarenohrn;
Hand vom Kind, erwürgt mit Schnur,
Dreckgeborn von einer Hur,
Macht die Brühe prächtig pur:
Nun noch Tigereingeweide,
Daß der Brei sich nicht mehr scheide.

Brauche, brauche Müh zur Jauche,
Feuer, fauch, und Kessel, rauche.

Macbeth, IV,1

Swithold footed thrice the old;
He met the night-mare, and her nine-fold;

Bid her alight,
And her troth plight,
And aroint thee, witch, aroint thee!

King Lear, III,4

Over hill, over dale,
    Thorough bush, thorough briar,
Over park, over pale,
    Thorough flood, thorough fire,
I do wander everywhere,
Swifter than the moon's sphere;
And I serve the Fairy Queen,
To dew her orbs upon the green.
The cowslips tall her pensioners be,
In their gold coats spots you see;
Those be rubies, fairy favours,
In those freckles live their savours.
I must go seek some dew-drops here,
And hang a pearl in every cowslip's ear.

A Midsummer Night's Dream, II,1

Sankt Veit trat dreimal in die Glut;
Er traf den Nachtmahr, und neunmal die
Brut;
Schrie laut: »Geh fort,
Verpfänd mir dein Wort,
Und troll dich, Hexe, troll dich!«

König Lear, III,4

Über Berg, über Tal,
　Durch Gebüsch und Gemäuer,
Über Pflock, über Pfahl,
　Durch die Flut und das Feuer –
Eil ich wie ein Echohall
Schneller als der Mond im All,
Dien der Königin der Feen,
Muß Tau auf ihre Wiese säen.
Primeln sind ihr Hofgeleit –
Flecken auf dem goldnen Kleid
Sind Rubine, Feengaben,
Duften aus Juwelenwaben.
Tauperlen sammle ich auf meinen Gängen,
Muß sie den Primeln in die Ohren hängen.

Ein Sommernachtstraum, II,1

Ye elves of hills, brooks, standing lakes, and
                                        groves;
And ye that on the sands with printless foot
Do chase the ebbing Neptune, and do fly him
When he comes back; you demi-puppets that
By moonshine do the green sour ringlets make,
Whereof the ewe not bites; and you whose
                                        pastime
Is to make midnight mushrooms, that rejoice
To hear the solemn curfew; by whose aid –
Weak masters though ye be – I have bedimm'd
The noontide sun, call'd forth the mutinous winds,
And 'twixt the green sea and the azur'd vault
Set roaring war: to the dread rattling thunder
Have I given fire, and rifted Jove's stout oak
With his own bolt; the strong-bas'd promontory
Have I made shake, and by the spurs pluck'd up
The pine and cedar: graves at my command
Have wak'd their sleepers, op'd, and let 'em forth
By my so potent Art. But this rough magic

I here abjure …

The Tempest, V,1

Ihr Elfen dort von Bach, See, Hain und Hügel,

Und ihr, die übers Watt spurlosen Schritts
Den ebbenden Neptun jagt und ihn flieht,
Wenn er zurückrollt; Gnome ihr, die ihr
Bei Mondenlicht grünsaure Kreise hext,
Woran das Schaf nicht beißt; ihr, die zum Spaß

Ihr Mittnacht-Pilze treibt; die ihr frech feixt,
Wenn 's Abendläuten dröhnt; mit deren Hilfe –
Schwach wie ihr seid zwar – ich die Mittagssonne
Verdüstert hab, jaulende Winde rief
Und zwischen grünem Meer und blauem All
Heulenden Krieg schuf; krachendem Donnerknall
Gab ich das Feuer und brach Jovis' Eiche
Mit seinem eignen Blitz; den Felsengrund
Hab ich erschüttert, wurzeltief zerschmettert
Pinien und Zedern; Gräber auf mein Wort
Erweckten Tote, barsten, spuckten sie ans Licht
Durch meiner Künste Macht. Doch diesem groben
                                        Zauber
Schwör ich hier ab …

Der Sturm, V,1

Dreams and Nightmares

I have had a most rare vision. I have had a dream, past the wit of man to say what dream it was. Man is but an ass if he go about to expound this dream. Methought I was – there is no man can tell what. Methought I was – and methought I had – but man is but a patched fool if he will offer to say what methought I had. The eye of man hath not heard, the ear of man hath not seen, man's hand is not able to taste, his tongue to conceive, nor his heart to report, what my dream was. I will get Peter Quince to write a ballad of this dream: it shall be called »Bottom's Dream«, because it hath no bottom.

A Midsummer Night's Dream, IV,1

Träume und Alpträume

Ich hab eine seltene Vision gehabt. Ich hab einen Traum gehabt – das geht über Menschenverstand zu sagen, was das für ein Traum war. Der Mensch ist glattweg ein Esel, wenn er sich erfrecht, diesen Traum auszulegen. Mir war, ich wär – kein Mensch kann sagen, was. Mir war, ich wär – und mir war, ich hätt –, aber der Mensch ist nur ein scheckichter Hansnarr, wenn er sich erdreistet zu sagen, was mir war, daß ich hätt. Des Menschen Auge hat's noch nicht gehört, des Menschen Ohr hat's noch nicht gesehn, des Menschen Hand kann's nicht schmecken, seine Zunge nicht erfassen und sein Herz nicht erzählen, was mein Traum war! Ich will den Peter Squenz dazu bringen, daß er mir eine Ballade von diesem Traum schreibt. Sie soll Zettels Traum heißen, weil darin alles ganz und gar verzettelt ist.

Ein Sommernachtstraum, IV,1

O, I have pass'd a miserable night,
So full of fearful dreams, of ugly sights,
That, as I am a Christian faithful man,
I would not spend another such a night
Though 'twere to buy a world of happy days,
So full of dismal terror was the time.
… Then came wand'ring by
A shadow like an angel, with bright hair
Dabbled in blood; and he shriek'd out aloud,
»Clarence is come: false, fleeting, perjur'd
                                    Clarence,
That stabb'd me in the field by Tewkesbury!
Seize on him, Furies! Take him unto torment!«
With that, methoughts, a legion of foul fiends

Environ'd me, and howled in mine ears
Such hideous cries, that with the very noise
I trembling wak'd, and for a season after
Could not believe but that I was in hell,
Such terrible impression made my dream.

Richard III, I,4

Oh, ich hab eine schlimme Nacht verbracht,
So voller Schreckensträume, grauser Bilder,
Daß ich, so wahr ich gläubig bin und Christ,
Nicht noch so eine Nacht erleben möcht,
Und wär's für eine Welt glücklicher Tage,
So voller Qual und Grauen war die Zeit.
… Dann kam wandernd nah
Ein Schatten wie ein Engel, hellen Haars,
Verklebt von Blut; und der schrie kreischend laut:
»Clarence ist da: verrätrisch falscher Clarence,

Der mich im Feld bei Tewkesbury erstach!
Ergreift ihn, Furien! Fort mit ihm zur Folter!«
Und gleich, schien mir, warn schon Legionen
                                          Teufel
Eklig um mich und heulten mir ins Ohr
Mit Schreien so scheußlich, daß ich nur vom Lärm
Naßzitternd wach wurd und noch lang danach
Nur denken konnte, ich wär in der Hölle,
So schrecklich war der Eindruck meines Traums.

Richard III, I,4

If I may trust the flattering truth of sleep,
My dreams presage some joyful news at hand.
My bosom's lord sits lightly in his throne
And all this day an unaccustom'd spirit
Lifts me above the ground with cheerful thoughts.
I dreamt my lady came and found me dead –
Strange dream that gives a dead man leave to
                                                                        think! –
And breath'd such life with kisses in my lips
That I reviv'd and was an emperor.
Ah me, how sweet is love itself possess'd
When but love's shadows are so rich in joy.

Romeo and Juliet, V,1

Calphurnia here, my wife, stays me at home.
She dreamt to-night she saw my statue,
Which like a fountain with an hundred spouts
Did run pure blood; and many lusty Romans
Came smiling, and did bathe their hands in it.
And these does she apply for warnings and
                                                                        portents
And evils imminent; and on her knee
Hath begg'd that I will stay at home to-day.

Julius Caesar, II,2

Trau ich den Schmeichelbildern meines Schlafs,
Dann weissagt mir mein Traum ein nahes Glück.
Der Herzensgott thront froh in meiner Brust,
Und ein ganz neuer Geist läßt mich mit Laune
Den ganzen Tag schon wie auf Wolken gehn.
Mir träumte, Julia kam und fand mich tot –
Seltsamer Traum, wo Tote denken dürfen! –

Und küßt mir soviel Leben auf die Lippen,
Daß ich vom Tod erstand und war ein Kaiser.
Herrgott! wie süß ist Liebe, die man lebt,
Wenn schon ihr Schatten reiche Freuden bringt!

Romeo und Julia, V,1

Calpurnia, meine Frau hier, hält mich fest.
Ihr hat geträumt heut nacht, sie säh mein Standbild
Springbrunnengleich aus hundert Rohrmündungen
Tiefrotes Blut verströmen; und viel frohe Römer
Warn lächelnd da, die Hände drin zu baden.
Und dies nimmt sie als Warnungen und Omen

Vor drohndem Unheil; und hat mich auf Knien
Gebeten, heut nicht außer Haus zu gehn.

Julius Cäsar, II,2

Help me, Lysander, help me! Do thy best
To pluck this crawling serpent from my breast!
Ay me, for pity! What a dream was here!
Lysander, look how I do quake with fear.
Methought a serpent ate my heart away,
And you sat smiling at his cruel prey.
Lysander! What, remov'd? Lysander! lord!
What, out of hearing? Gone? No sound, no word?
Alack, where are you? Speak, and if you hear;
Speak, of all loves! I swoon almost with fear.
No? Then I well perceive you are not nigh.
Either death or you I'll find immediately.

A Midsummer Night's Dream, II,2

The sweetest sleep and fairest-boding dreams
That ever enter'd in a drowsy head
Have I, since your departure, had, my lords.
Methought their souls whose bodies Richard
                            murder'd
Came to my tent and cried on victory.
I promise you my soul is very jocund
In the remembrance of so fair a dream.

Richard III, V,3

Zu Hilfe, hilf! Lysander, hilf! Du musst
Mir diese Schlange reißen von der Brust!
So hilf mir doch! – Gottlob, der Traum ist weg!
Lysander, schau, ich zittere vor Schreck.
Mir träumte, eine Schlange fräß mein Herz,
Und du hast nur gegrinst, als wär's ein Scherz.
Lysander – sag doch was, Lysander – fort?
Lysander, bist du fort? Kein Laut, kein Wort?
Wo bist du denn? Sag doch, was soll denn das?
Ich werd verrückt vor Angst! Sag endlich was!
Nein? Nichts? – Ich bin allein, ich bin in Not,
Find ich nicht dich, dann find ich meinen Tod.

Ein Sommernachtstraum, II,2

Den schönsten Schlaf und süßeste Traumbilder,
Die jemals in ein müdes Haupt sich drängten,
Hab ich gehabt, Mylords, seit unserm Abschied.
Mir war, die Seelen, deren Körper Richard
                                totschlug,
Warn hier bei mir im Zelt und riefen: Sieg!
Ich sage euch, mein Herz ist hochgemut
In der Erinnerung so schönen Traums.

Richard III, V,3

O blessed blessed night. I am afeard,
Being in night, all this is but a dream,
Too flattering sweet to be substantial.

Romeo and Juliet, II,2

I talk of dreams,
Which are the children of an idle brain,
Begot of nothing but vain fantasy,
Which is as thin of substance as the air
And more inconstant than the wind, who woos
Even now the frozen bosom of the north
And, being anger'd, puffs away from thence
Turning his side to the dew-dropping south.

Romeo and Juliet, I,4

Give me another horse! Bind up my wounds!
Have mercy, Jesu! – Soft, I did but dream.
O coward conscience, how dost thou afflict me!
The lights burn blue; it is now dead midnight.
Cold fearful drops stand on my trembling flesh.

Richard III, V,3

O wunderschöne Nacht! Ich hab so Angst,
Weil alles Nacht ist, alles sei nur Traum,
Zu schmeichelnd süß, um Wirklichkeit zu sein.

Romeo und Julia, II,2

Ich sprech von Träumen,
Den Kindern unbeschäftigter Gehirne,
Erzeugt aus Blasen eitler Phantasie,
Die als Substanz so dünn ist wie die Luft,
Unsteter als der Wind, der eben jetzt
Dem Norden um den Eisbergbusen streicht,
Und, kalt empfangen, stürmisch dreht und sich
Tauschwül dem Süden in die Arme wirft.

Romeo und Julia, I,4

Ein frisches Pferd her! Seht nach meinen Wunden!
Erbarm dich, Jesus! – Ruhig, hab nur geträumt.
Feiges Gewissen du, wie du mich quälst!
Das Licht brennt blau; es ist jetzt tiefe Mittnacht.
Naßkalter Angstschweiß perlt mir auf der Haut.

Richard III, V,3

Be not afeard; the isle is full of noises,
Sounds and sweet airs, that give delight and hurt
                                        not.
Sometimes a thousand twangling instruments
Will hum about mine ears; and sometime voices

That, if I then had waked after long sleep,
Will make me sleep again: and then, in dreaming,
The clouds methought would open, and show
                                        riches
Ready to drop upon me; that, when I wak'd,
I cried to dream again.

The Tempest, III,2

Hab keine Angst; die Insel ist voll Klang,
Voll Tönen, Liedern, die erfreun und niemand
                                        wehtun.
So manchmal sumseln tausend Instrumente
Mir schwirrend um die Ohrn; und manchmal
                                        Stimmen,
Die mich, wenn ich nach langem Schlaf erwach,
Aufs neu ins Schlafen lullen; dann, im Träumen,
War mir, die Wolken tun sich auf und zeigen
                                        Schätze,
Die mich beregnen wollten, daß ich beim Erwachen
Nach neuen Träumen schrie.

Der Sturm, III,2

Sleep

How many thousand of my poorest subjects
Are at this hour asleep! O sleep, O gentle sleep,

Nature's soft nurse, how have I frighted thee,
That thou no more wilt weigh my eyelids down,
And steep my senses in forgetfulness?

Why rather, sleep, liest thou in smoky cribs,

Upon uneasy pallets stretching thee,
And husht with buzzing night-flies to thy slumber,
Than in the perfum'd chambers of the great,
Under the canopies of costly state,
And lull'd with sound of sweetest melody?
O thou dull god, why li'st thou with the vile
In loathsome beds, and leav'st the kingly couch
A watch-case, or a common 'larum-bell?
Wilt thou upon the high and giddy mast

Seal up the ship-boy's eyes, and rock his brains

Schlaf

Wie viele Tausend meines ärmsten Volks
Sind jetzt zur Stund im Schlaf ! O Schlaf, Schlaf,
                                    sanfter Schlaf,
Du Amme der Natur, wie hab ich dich verschreckt,
Daß du die Augenlider mir nicht mehr
Beschwern willst, noch die Sinne ins Vergessen
                                    tauchst?
Warum, Schlaf, liegst du lieber in verrauchten
                                    Hütten,
Aufs unbequeme Strohbett hingestreckt,
Vom Fliegennachtgesumm zur Ruh gezirpt,
Als in den Duftgemächern der Erhabnen
Unter der Baldachine goldnen Pracht
Und eingelullt vom Wohlklang süßer Weisen?
O dumpfer Gott, was liegst du bei den Niedern
Im eklen Bett und läßt des Königs Lager
Ein Räderuhrwerk sein, das laut Alarmruf schrillt?
Auf Schiffsmaats Augen schwindelnd hoch im
                                    Mast
Siegelst du Schlaf und wiegst sein Hirn zur Ruh

In cradle of the rude imperious surge,
And in the visitation of the winds,
Who take the ruffian billows by the top,
Curling their monstrous heads, and hanging them
With deafing clamour in the slippery clouds,
That with the hurly death itself awakes?
Canst thou, O partial sleep, give thy repose
To the wet sea-boy in an hour so rude,

And in the calmest and most stillest night,
With all appliances and means to boot,
Deny it to a King? Then happy low, lie down!
Uneasy lies the head that wears a crown.

Henry IV, Part 2, III,1

You lack the season of all natures, sleep.

Macbeth, III,4

Im Wiegebett der herrisch rauhen Wogen
Und im Ansturm der Winde, die beim Schopf
Die groben Brecher packen, ihre Kämme
Medusenhäuptig krausen und lärmtosend
Sie mit dem brausenden Gewölk verschmelzen,
Daß vom Gewüte selbst der Tod erwacht?
Schlaf, kannst du deine Ruhe so parteiisch
Dem nassen Schiffsmaat zu so grober Stunde
                                              leihn,
Und in der ruhigsten und allstillsten Nacht,
In Daunen sanft, kannst du dem König sie
Verwehrn? Dann, glücklich Arme, schlaft umhegt!
Schlaflos liegt 's Haupt, das eine Krone trägt.

Heinrich IV, 2. Teil, III,1

Dir fehlt der Heilstoff aller Wesen – Schlaf.

Macbeth, III,4

Methought, I heard a voice cry, »Sleep no more!

Macbeth does murther Sleep«, – the innocent
                                                    Sleep;
Sleep, that knits up the ravell'd sleave of care,
The death of each day's life, sore labour's bath,
Balm of hurt minds, great Nature's second course,
Chief nourisher in life's feast; – ...

Still it cried, »Sleep no more!« to all the house:

»Glamis hath murther'd Sleep, and therefore
                                                    Cawdor
Shall sleep no more, Macbeth shall sleep no
                                                    more!«

Macbeth, II,2

A man that apprehends death no more dreadful-
ly but as a drunken sleep; careless, reckless, and
fearless of what's past, present, or to come: insen-
sible of mortality, and desperately mortal.

Measure for Measure, IV,2

Mir war, ich hätt was schrein hörn: »Schlaft nicht
mehr!
Macbeth erschlägt den Schlaf«, – unschuldigen
Schlaf;
Schlaf, der das Knäul aufdröselt wirrer Sorge,
Den Alltagstod vom Alltagsleben, Heilbad
Für Mühsalsschwären, Balsam wunder Seelen,
Hauptspeisung der Natur, nährendster Gang
Beim Fest des Lebens; – …
Und rief und rief »Schlaft nicht mehr!« hin durchs
Haus:
»Glamis erschlug den Schlaf, und Cawdor drum

Soll nie mehr schlafen, Macbeth nie mehr
schlafen!«

Macbeth, II,2

Ein Mann, dem der Tod nicht schrecklicher vor-
kommt als betrunkener Schlaf; achtlos, rücksichts-
los und furchtlos vor dem, was war, ist oder kommt:
gleichgültig vor der Endlichkeit und zum Verzweifeln
endlich.

Maß für Maß, IV,2

To die – to sleep,
No more; and by a sleep to say we end
The heart-ache and the thousand natural shocks

That flesh is heir to. 'tis a consummation
Devoutly to be wish'd. To die, to sleep;
To sleep, perchance to dream – ay, there's the rub:
For in that sleep of death what dreams may come,

When we have shuffled off this mortal coil,
Must give us pause …

Hamlet, III,1

And, like the baseless fabric of this vision,
The cloud-capp'd towers, the gorgeous palaces,
The solemn temples, the great globe itself,
Yea, all which it inherit, shall dissolve,
And, like this insubstantial pageant faded,
Leave not a rack behind. We are such stuff
As dreams are made on; and our little life

Is rounded with a sleep.

The Tempest, IV,1

Schlaf

… sterben … – schlafen,
Mehr nicht; und sagen, daß durch einen Schlaf
Wir's Herzweh enden und die tausend
                                    Lebenshiebe,
Die unserm Fleisch vererbt sind: 's ist eine Erfüllung
Inbrünstig beizuwünschen. Sterben, schlafen,
Schlafen, womöglich träumen – ja, da hakt's:
Denn in dem Schlaf des Tods, welch Träume
                                    kommen mögen,
Wenn man des Weltgeknäuls sich hat entfesselt,
Das gibt zu denken …

Hamlet, III,1

Und, wie dies körperlose Traumgewebe, so
Die wolkenhohen Türme, die Paläste,
Die stillen Tempel, selbst der Erdenball,
Ja, was an ihm nur teilhat, wird zerfließen,
Und, wie dies wesenlose Schauspiel schwand,
Vergehen ohne Spur. Wir sind vom Stoff,
Aus dem die Träume sind; und unser kleines
                                    Leben
Beginnt und schließt ein Schlaf.

Der Sturm, IV,1

Am I transformed?

I am transformed, master, am I not?

Am I in earth, in heaven, or in hell?
Sleeping or waking, mad or well advis'd?
Known unto these, and to myself disguis'd?

The Comedy of Errors, II,2

What relish is in this? how runs the stream?
Or I am mad, or else this is a dream:
Let fancy still my sense in Lethe steep;
If it be thus to dream, still let me sleep!

Twelfth Night, IV,1

The fellow is distract, and so am I,
And here we wander in illusions.

The Comedy of Errors, IV,3

Bin ich vertauscht?

Herr, sag, bin ich vertauscht, bin ich noch ich?

Ist dies die Erd? Ist's Himmel oder Hölle?
Schlaf oder wach ich, bin ich bei Verstand?
Mir selbst ein Rätsel, andern gut bekannt?

Komödie der Irrungen, II,2

Wo wirbelt mich das hin? was soll das sein?
Wenn dies nicht Wahnsinn ist, dann träume ich:
Dann tauch Vernunft nur ins Vergessen ein,
Und wenn dies Traum heißt, schlaf ich ewiglich!

Was ihr wollt, IV,1

Der Kerl ist krank im Hirn, und ich bin's auch,
Und so nun wandern wir durch Täuschungen.

Komödie der Irrungen, IV,3

I am not what I am.

Othello, I,1

I to the world am like a drop of water
That in the ocean seeks another drop,
Who, falling there to find his fellow forth,
Unseen, inquisitive, confounds himself.

The Comedy of Errors, I,2

When I would pray and think, I think and pray
To several subjects: Heaven hath my empty words,
Whilst my invention, hearing not my tongue,
Anchors on Isabel: Heaven in my mouth,
As if I did but only chew his name,
And in my heart the strong and swelling evil
Of my conception.

Measure for Measure, II,4

Ich bin nicht, was ich bin.

Othello, I,1

Ich in der Welt bin wie ein Tropfen Wasser,
Der einen andern Tropfen sucht im Meer,
Und wie er eintaucht dort und sucht den Freund,
Zergeht er, forschend, unerkennbar, selbst.

Komödie der Irrungen, I,2

Wenn ich jetzt bet und denke, denk und bet ich
Wie zwiegespalten: Gott hat mein leeres Wort,
Indeß mein Phantasiern, taub für mein Reden,
An Isabella ankert: Gott im Mund,
Als würd ich nur auf seinem Namen kauen,
Und tief im Herz die Sünde stark und schwellend,
Von mir mir selbst gezeugt.

Maß für Maß, II,4

Theatre! Theatre!

All the world's a stage,
And all the men and women merely players.
They have their exits and their entrances,
And one man in his time plays many parts,
His acts being seven ages.

As You Like It, II,7

Let me play the lion too.

A Midsummer Night's Dream, I,2

O, it offends me to the soul to hear a robustious pe-
riwig-pated fellow tear a passion to tatters, to very
rags, to split the ears of the groundlings, who for the
most part are capable of nothing but inexplicable
dumb-shows and noise.

Hamlet, III,2

Theater! Theater!

Die ganze Welt ist Bühne,
Und Schauspieler nur all die Fraun und Männer.
Sie treten auf und gehn auch wieder ab,
Und mit der Zeit spielt einer viele Rollen,
Durch sieben Lebensakte hin.

Wie es euch gefällt, II, 7

Laß mich den Löwen auch noch spielen.

Ein Sommernachtstraum, I, 2

Oh, mir tut's in der Seele weh, wenn ich solch einen
krakeelig-perückenplustrigen Brüller eine leiden-
schaftliche Empfindung in Fetzen schreien höre, in
wahre Lumpen, um Stehplatzbesuchern damit die
Ohren zuzudröhnen, die meist eh nichts andres
wollen als unsinnige Pantomimen und Lärm.

Hamlet III, 2

A lover, that kills himself most gallant for love. That will ask some tears in the true performing of it. If I do it, let the audience look to their eyes: I will move storms, I will condole in some measure.

A Midsummer Night's Dream, I,2

Speak the speech, I pray you, as I pronounced it to you, trippingly on the tongue; but if you mouth it as many of your players do, I had as lief the town-crier spoke my lines. Nor do not saw the air too much with your hand, thus, but use all gently; for in the very torrent, tempest, and, as I may say, whirlwind of your passion, you must acquire and beget a temperance that may give it smoothness.

Hamlet, III,2

Ein Liebhaber, der sich selber umbringt, sehr elegant aus Liebe. So was wird ein paar Tränen kosten bei lebensechter Darstellung. Wenn ich's mache, da solln sich die Zuschauer nur vorsehn mit den Augen! Ich werde Stürme erregen. Ich werde jämmerlich sein, im großen und ganzen.

Ein Sommernachtstraum, I,2

Und bitte, sprecht den Text so, wie ich ihn euch vorgesprochen habe, leicht von der Zunge weg; nämlich wenn ihr ihn breimäulig daherblökt, wie's viele unserer Schauspieler tun, dann wär's mir grad so recht, der Stadtschreier würd meine Verse über die Bühne rufen. Und sägt mir nicht mit den Händen soviel in der Luft herum, so, sondern macht alles wie selbstverständlich; denn selbst im Sturzbach, Sturmwetter und, wie ich sagen möchte, Wirbelwind eurer Leidenschaft müßt ihr euch Mäßigung aneignen, die allem Leichtigkeit gibt.

Hamlet, III,2

Yet my chief humour is for a tyrant. I could play Ercles rarely, or a part to tear a cat in, to make all split.

> There raging rocks,
> And shivering shocks,
> Shall break the locks
>   Of prison-gates;
> And Phibbus' car
> Shall shine from far
> And make and mar
>   The foolish fates.

This was lofty. This is Ercles' vein, a tyrant's vein: a lover is more condoling.

A Midsummer Night's Dream, I,2

For anything so o'erdone is from the purpose of playing, whose end, both at the first and now, was and is to hold as 'twere the mirror up to nature; to show virtue her feature, scorn her own image, and the very age and body of the time his form and pressure.

Hamlet, III,2

Aber die eigentliche Talentbegabung hab ich zum Tyrannen. Den Erkulas könnt ich einzigartig spielen, oder eine Rolle zum Steinerweichen, daß sich die Balken biegen:

> Komm, Felskoloß,
> Renn, rotes Roß,
> Zerschlagt das Schloß
>> Am Kerkertor.
> Der Sonne Stich
> Zerschmettre dich
> Auf ewiglich,
>> O Parzenchor.

Das war tief! Das ist so der Erkulas-Ton, das Tyrannen-Gedröhn! Ein Liebhaber ist mehr bedauerlich.

Ein Sommernachtstraum, I,2

Denn alles so Übertriebene ist gegen das Ziel der Schauspielerei, deren Zweck wie einst so heut es war und ist, der Natur sozusagen den Spiegel vorzuhalten; der Tugend ihr Gesicht, dem Verächtlichen sein Abbild zu zeigen, und dem eigenen Zeitalter und Wesen der Gegenwart seine Gestalt und Prägung.

Hamlet, III,2

O wherefore, Nature. didst thou lions frame,
Since lion vile hath here deflower'd my dear?
Which is – no, no – which was the fairest dame
That liv'd, that lov'd, that lik'd, that look'd with cheer.
          Come tears, confound!
          Out sword, and wound
     The pap of Pyramus;
          Ay, that left pap,
          Where heart doth hop:
     Thus die I, thus, thus, thus! [Stabs himself.]
          Now am I dead,
          Now am I fled;
     My soul is in the sky.
          Tongue, lose thy light;
          Moon, take thy flight!
     Now die, die, die, die, die.

A Midsummer Night's Dream, V,1

I have heard
That guilty creatures sitting at a play
Have, by the very cunning of the scene,
Been struck so to the soul that presently
They have proclaim'd their malefactions.

Hamlet, II,2

Warum, Natur, mußtest du Löwen bauen?
Ein Löwe schnöd hat sie mir defloriert.
Sie ist – nein, war – die schönste aller Frauen,
Sie lachte, lebte, liebte ungeniert.

　　　　Aug, träne nich'!
　　　　Stich, Dolch, und brich
　　Den Busen Pyramus.
　　　　Ja, links den Bus',
　　　　Dem Herz zum Gruß,
　　Ich sterben muß, muß, muß [ersticht sich].
　　　　Nun bin ich tot
　　　　Und lieg im Kot;
　　O Seele, nicht verdirb!
　　　　Zung, lösch dein Licht.
　　　　Mond, rede nicht.
　　Nun stirb, nun stirb, nun stirb.

Ein Sommernachtstraum, V,1

Ich hab gehört,
Daß schuldge Kreaturn, in einem Schauspiel sitzend,
Nur durch die Kunst der Aufführung derart
Ins Herz getroffen waren, daß sie umgehend
Laut ihre Missetaten eingestanden.

Hamlet, II,2

Blood and Murder

Present fears
Are less than horrible imaginings.
My thought, whose murther yet is but fantastical,
Shakes so my single state of man,
That function is smother'd in surmise,
And nothing is, but what is not.

Macbeth, I,3

O traitors! murderers!
What's worse than murderer, that I may name it?

No, no, my heart will burst and if I speak;
And I will speak, that so my heart may burst.
Butchers and villains! bloody cannibals!
How sweet a plant have you untimely cropp'd!
You have no children, butchers; if you had,
The thought of them would have stirr'd up
                                    remorse.

Henry VI, Part 3, V,5

Mord und Blut

Wirkliche Greuel
Sind harmloser als Graun, das man sich denkt.
Mein Denken, das noch Mord nur phantasiert,
Erschüttert so mein unteilbares Sein
Als Mensch, daß Handeln ganz erstickt im Grübeln,
Und nichts ist, als was nicht ist.

Macbeth, I,3

O Verräter! Mörder!
Was Schlimmres gibt's als »Mörder«, daß ich's
                                                                    schreie?
Nein, nein, mein Herz wird bersten, wenn ich rede;
Und reden will ich, daß mein Herz drum birst.
Schlächter und Schufte! Blutige Kannibalen!
So schön ein Pflänzchen habt ihr jung gemäht!
Ihr, ihr habt keine Kinder, Schlächter; hättet ihr –
Nur dran zu denken, hätt 's Gewissen euch
                                                                    gerührt.

Heinrich VI, 3. Teil, V,5

Come, you Spirits
That tend on mortal thoughts, unsex me here,
And fill me, from the crown to the toe, top-full
Of direst cruelty! make thick my blood,
Stop up th'access and passage to remorse;
That no compunctious visitings of Nature
Shake my fell purpose, nor keep peace between
Th'effect and it! Come to my woman's breasts,

And take my milk for gall, you murth'ring ministers,
Wherever in your sightless substances
You wait on Nature's mischief ! Come, thick Night,
And pall thee in the dunnest smoke of Hell,

That my keen knife see not the wound it makes,
Nor Heaven peep through the blanket of the dark,
To cry, »Hold, hold!«

Macbeth, I,5

Why, I can smile, and murder whiles I smile.

Henry VI, Part 3, III,2

Kommt, Geister, die
Ihr Mordgedanken zeugt, entweibt mich hier,
Und füllt mich an von Kopf bis Fuß berstvoll
Gräßlichster Grausamkeit! macht dick mein Blut,
Stopft Weg und Zugang dicht, wo Mitleid schleicht,
Daß keine Reueheimsuchung der Menschnatur
Mein wüstes Wolln erschüttert, sich gar stellt
Noch zwischen Plan und Tat! Kommt zu den
                                   Weiberbrüsten,
Mischt meine Milch zu Galle, Mordmarschalle,
Wo immor ihr in unsichtbarn Substanzen
Naturunheil umdient! Komm, fette Nacht,
Zieh 's Leichtuch um aus Schwadendampf der
                                   Hölle,
Daß nicht mein Mordgier-Messer seh, was es
Für Wunden reißt, noch daß der Himmel durch
Des Dunkels schwere Decke späh und seh
Und ruf »Halt, halt!«

Macbeth, I,5

Oh, ich kann lächeln und beim Lächeln morden.

Heinrich VI, 3. Teil, III,2

Be innocent of the knowledge, dearest chuck,
Till thou applaud the deed. Come, seeling Night,

Scarf up the tender eye of pitiful Day,
And, with thy bloody and invisible hand,
Cancel, and tear to pieces, that great bond
Which keeps me pale! – Light thickens; and the
                                                    crow
Makes wing to th'rooky wood;
Good things of Day begin to droop and drowse,
Whiles Night's black agents to their preys do
                                                    rouse.
Thou marvell'st at my words: but hold thee still;
Things bad begun make strong themselves by ill.

Macbeth, III,2

Why, as I told thee, 'tis a custom with him
I' th' afternoon to sleep: there thou mayst brain
                                                    him,
Having first seiz'd his books; or with a log
Batter his skull, or paunch him with a stake,
Or cut his wezand with thy knife.

The Tempest, III,2

Bleib unschuldig und weiß nichts, Täubchen mein,
Bis du der Tat kannst klatschen. Komm, sack-

schwarze Nacht,

Verhüll dem milden Tag die sanften Augen,
Und mit blutnasser, unsichtbarer Hand
Zerfetz, zerreiß den Lebenspachtvertrag,
Vor dem ich blaß steh! – Das Licht wird dumpf;

und hin

Zum Moorwald krächzt die Krähe;
Vom Tag das Gute wird schon schlummerschwer,
Und bald auf Beute zieht des Dunkels Heer.

Du staunst vor mir: doch still; was bös begann,
Zieht sich allein durch Böses Kräfte an.

Macbeth, III,2

Nun, wie ich sagte, nach Gewohnheit schläft
Er nachmittags. Kannst ihm das Hirn zertreten,

Wenn du die Bücher hast; ihm auch mit Knüppeln
Den Schädel knacken, Pflöcke ins Gedärm
Ihm rennen, Messer in die Gurgel stechen.

Der Sturm, III,2

If it were done, when 'tis done, then 'twere well

It were done quickly: if th'assassination
Could trammel up the consequence, and catch
With his surcease success; that but this blow

Might be the be-all and the end-all – here,
But here, upon this bank and shoal of time,
We'd jump the life to come.

Macbeth I,7

It is the cause, it is the cause, my soul:

Let me not name it to you, you chaste stars!
It is the cause. Yet I'll not shed her blood,
Nor scar that whiter skin of hers than snow,
And smooth as monumental alabaster:
Yet she must die, else she'll betray more men.
Put out the light, and then put out the light.

Othello, V,2

Wär's abgetan, wenn's mal getan ist, dann wär
                                          gut,
's wär schnell getan: ja, wenn der Meuchelmord
Die Folgen fesseln könnt, Erbfolg-Erfolg
Sich fischen könnt aus seinem Fall; daß nur der
                                          eine Stoß
So ein »Das-ist-es-und-das-war's-dann« wäre – hier,
Nur hier, im Schlick und Treibsand vager Zeit
Schlüg man das andre Leben in den Wind.

Macbeth I,7

Die Schuld erzwingt's, die Schuld erzwingt's, mein
                                          Herz.
Ich will sie euch nicht nennen, keusche Sterne!
Die Schuld erzwingt's. Ihr Blut vergieß ich aber nicht,
Noch ritz ich ihr die Haut, die weißer ist
Als Schnee und glatt wie Grabstein-Alabaster.
Doch sterben muß sie, eh sie andre noch betrügt.
Jetzt lösch das Licht und dann … dann lösch das
                                          Licht.

Othello, V,2

Blood hath been shed ere now, i'th'olden time,
Ere humane statute purg'd the gentle weal;
Ay, and since too, murthers have been perform'd
Too terrible for the ear: the time has been,
That, when the brains were out, the man
                              would die,
And there an end; but now, they rise again,
With twenty mortal murthers on their crowns,
And push us from our stools. This is more strange
Than such a murther is.

Macbeth, III,4

Blut wurd auch sonst vergossen, alle Zeit,
Eh menschlich Recht den Staat befriedet hat;
Ja, und auch seitdem wurde Mord begangen,
Zu schrecklich für das Ohr: ja, Zeiten gab's,
Wo, war das Hirn raus, auch der Mann wohl starb,

Und damit Schluß; doch heut, da stehn sie auf,
Mit zwanzig Todeswunden um den Kopf,
Und stoßen uns vom Stuhl. Seltsamer ist
Das, als das Morden selbst ist.

Macbeth, III,4

Evil Omen

Caesar, I never stood on ceremonies,
Yet now they fright me. There is one within,
Besides the things that we have heard and seen,
Recounts most horrid sights seen by the watch.
A lioness hath whelped in the streets,
And graves have yawn'd, and yielded up their
                                    dead;
Fierce fiery warriors fought upon the clouds
In ranks and squadrons and right form of war,
Which drizzled blood upon the Capitol;
The noise of battle hurtled in the air,
Horses did neigh, and dying men did groan,
And ghosts did shriek and squeal about the
                                    streets.
O Caesar! these things are beyond all use,
And I do fear them.

Julius Caesar, II,2

Schlimme Omen

Cäsar, ich gab nie viel auf Zukunftsomen,
Doch jetzt erschrecken sie mich. Grad kam einer,
Der, außer allem, was wir sahn und hörten,
Gräßliches meldet, was die Wache sah.
Da warf auf offner Straße eine Löwin Junge,
Und Gräber klafften und spien Tote aus;

Wildwütig fochten Krieger auf den Wolken
In Reih und Glied und rechter Schlachtordnung,
Daß Blut heruntertroff aufs Kapitol.
Der Schlachtenlärm hing klirrend in der Luft,
Sterbende Männer stöhnten, Pferde schnaubten
Und Geister schrien und heulten durch die
                                        Straßen.
O Cäsar, solche Dinge hat's noch nie gegeben,
Und ich hab Angst.

Julius Cäsar, II,2

The bay-trees in our country are all wither'd
And meteors fright the fixed stars of heaven,
The pale-fac'd moon looks bloody on the earth,
And lean-look'd prophets whisper fearful change,
Rich men look sad, and ruffians dance and leap.

Richard II,4

In the most high and palmy state of Rome,
A little ere the mightiest Julius fell,
The graves stood tenantless and the sheeted dead
Did squeak and gibber in the Roman streets;
As stars with trains of fire and dews of blood,
Disasters in the sun; and the moist star,
Upon whose influence Neptune's empire stands,
Was sick almost to doomsday with eclipse.
And even the like precurse of fear'd events,
As harbingers preceding still the fates
And prologue to the omen coming on,
Have heaven and earth together demonstrated
Unto our climatures and countrymen.

Hamlet, I,1

Bei uns zu Haus verdorrn die Lorbeerbäume,
Und Meteore drohn dem Fixstern-Himmel,
Der bleiche Mond schaut blutig auf die Welt,
Und schlimm von Umschwung flüstern hagre Seher,
Der Reiche düstert, das Pack tanzt und springt.

Richard II,4

Zur blühendsten, lorbeerreichsten Zeit von Rom,
Kurz eh der starke Julius fiel, da warn verwaist
Die Gräber und im Leichenhemd die Toten
Heulten und kreischten durch die Gassen Roms.
Und Sterne feuerschweifig, Tau aus Blut,
Lodernd die Sonne; und 's feuchte Mondgestirn,
Auf dessen Einfluß Neptuns Reich beruht,
War krank verfinstert wie zum Jüngsten Tag.
Und eben solche Vorschau schlimmer Zukunft
Als Boten, die dem Unheil stets vorangehn,
Und Vorspiel zum Verhängnis, das sich naht,
Wurd heut von Erd und Himmel gleich gemeinsam
Unserem Landstrich und den Landsleuten gezeigt.

Hamlet, I,1

Thou seest the heavens, as troubled with

                      man's act,

Threatens his bloody stage: by th'clock 'tis day,

And yet dark night strangles the travelling lamp.

Is't night's predominance, or the day's shame,

That darkness does the face of earth entomb,

When living light should kiss it?

Macbeth, II,4

This is the excellent foppery of the world, that, when we are sick in fortune, often the surfeits of our own behaviour, we make guilty of our disasters the sun, the moon, and stars; as if we were villains on necessity, fools by heavenly compulsion, knaves, thieves, and treachers by spherical predominance, drunkards, liars, and adulterers by an enforc'd obedience of planetary influence; and all that we are evil in, by a divine thrusting on. An admirable evasion of whoremaster man, to lay his goatish disposition to the charge of a star!

King Lear, I,2

Der Himmel, wie erzürnt vom Tun der Menschen,

Droht ihrer Blutbadbühne: nach der Uhr wär's Tag,
Und doch erstickt Pechnacht den Feuerball.
Ist's Macht der Nacht, oder ist's Scham des Tags,
Daß Finsternis das Erdenantlitz einsargt,
Wenn 's Licht ihm Leben küssen sollte?

Macbeth, II,4

Das ist die grandiose Narretei der Welt, daß wir,
wenn unser Glück anfängt zu kränkeln, oft als Fol-
ge unsres eigenen maßlosen Verhaltens, daß wir
die Schuld an unsern Unfällen Sonne, Mond und
Sternen in die Schuhe schieben; als ob wir Schufte wären aus höherer Notwendigkeit, Narren durch
himmlische Fügung, Gauner, Diebe und Verräter
durch sphärische Einflüsse, Säufer, Lügner und
Ehebrecher durch zwanghaften Gehorsam vor Pla-
netenstellungen; und alles, was wir Böses tun, nur
durch höhere Gewalt. Ein wunderbares Hintertür-
chen für den Hurnbock Mensch, seine geißbock-
geile Veranlagung einem Stern anzulasten!

König Lear, I,2

Power

Yet do I fear thy nature:
It is too full o'th'milk of human kindness,
To catch the nearest way. Thou wouldst be great;

Art not without ambition, but without
The illness should attend it: what thou wouldst
                                    highly,
That wouldst thou holily; wouldst not play false,

And yet wouldst wrongly win; thou'dst have, great
                                    Glamis,
That which cries, »Thus thou must do,« if thou
                                    have it;
And that which rather thou dost fear to do,
Than wishest should be undone. Hie thee hither,
That I may pour my spirits in thine ear,
And chastise with the valour of my tongue
All that impedes thee from the golden round,

Macbeth I,5

Macht

Nur fürcht ich doch dein Wesen:
Es ist zu voll der Milch der Menschheitsgüte,
Den nächsten Weg zu gehn. Groß möchtst du
                                    sein;
Bist nicht von Ehrgeiz frei, bloß frei von Bosheit,
Die ihn begleiten müßt: wo du hoch raus möchtst,

Da möchtst du heilig raus; möchtst nicht falsch
                                    spielen,
Und möchtst doch fälschlich siegen; möchtest
                                    das,
Was schreit »So mußt du tun, wenn du es willst«,

Und möchtest, was zu tun du wohl mehr fürchtest,
Als daß du wünschst, es bliebe ungetan. Eil, eile,
Daß ich mein Wolln ins Ohr dir gießen kann,
Und geißle mit der Stärke meiner Zunge
All das, was dich vom goldnen Stirnreif trennt.

Macbeth I,5

O God! methinks it were a happy life
To be no better than a homely swain;
To sit upon a hill, as I do now,
To carve out dials quaintly, point by point,
Thereby to see the minutes how they run –
How many makes the hour full complete,
How many hours brings about the day,
How many days will finish up the year,
How many years a mortal man may live.
When this is known, then to divide the times –
So many hours must I tend my flock;
So many hours must I take my rest;
So many hours must I contemplate;
So many hours must I sport myself;
So many days my ewes have been with young;
So many weeks ere the poor fools will ean;
So many years ere I shall shear the fleece:
So minutes, hours, days, weeks, months, and
                                        years,
Pass'd over to the end they were created,
Would bring white hairs unto a quiet grave.
Ah, what a life were this! how sweet! how lovely!

Henry VI, Part 3, II,5

O Gott! Mir ist, als wär es ein beglücktes Leben,
Nichts Beßres als ein biedrer Hirt zu sein;
Auf Hügeln hinzusitzen wie jetzt ich,
Mir Sonnenuhrn zu schnitzen, Span um Span,
Dran die Minuten sehn, wie sie verrinnen –
Wie viel davon die Stunde voll wohl machen,
Wie viele Stunden einen Tag vollenden,
Wie viele Tage wohl ein Jahr beschließen,
Wie viele Jahre wohl ein Mensch so lebt.
Wenn das geklärt ist, dann die Zeit sich ordnen –
So viele Stunden muß ich Horden hüten;
So viele Stunden muß ich Ruhe halten;
So viele Stunden muß ich Andacht üben;
So viele Stunden muß ich mich vergnügen;
So viele Tage warn die Schafe trächtig;
So viele Wochen, bis die Närrchen lammen;
So viele Jahre, bis ich Wolle schere:
Minuten, Stunden, Tage, Wochen, Jahre,

Dahingebracht zum Zweck, drum sie bestehn,
Sie brächten so das Weißhaar still zu Grab.
Ach, welch ein Leben wär's! Wie süß! Wie lieblich!

Heinrich VI, 3. Teil, II,5

God knows, my son,
By what by-paths and indirect crook'd ways
I met this crown, and I myself know well
How troublesome it sat upon my head.

Henry IV, Part 2, IV,5

Was ever king that joy'd an earthly throne,
And could command no more content than I?
No sooner was I crept out of my cradle
But I was made a king, at nine months old.
Was never subject long'd to be a king
As I do long and wish to be a subject.

Henry VI, Part 2, IV,9

Me, poor man, my library
Was dukedom large enough.

The Tempest, I,2

Gott weiß, mein Sohn,
Auf welchen Schleichpfaden und krummen Wegen
Die Krone an mich kam, und ich weiß selbst,
Wie mühsalsreich sie auf dem Kopf mir saß.

Heinrich IV, 2. Teil, IV,5

War je ein König im Genuß des Throns,
Der weniger Genuß dran fand als ich?
Kaum war ich ausgekrochen aus der Krippe,
Schon wurde ich, neun Monde alt, zum König;
Kein Untertan je, der zum Thron sich sehnte,
Wie ich mich sehne, Untertan zu sein.

Heinrich VI, 2. Teil, IV,9

Mir, mir Armem war mein Büchersaal
Als Herzogtum genug.

Der Sturm, I,2

War, Fame and Honour

A curse shall light upon the limbs of men;
Domestic fury and fierce civil strife
Shall cumber all the parts of Italy;
Blood and destruction shall be so in use,
And dreadful objects so familiar
That mothers shall but smile when they behold
Their infants quartered with the hands of war;
All pity chok'd with custom of fell deeds;
And Caesar's spirit, ranging for revenge,
With Ate by his side come hot from hell,
Shall in these confines with a monarch's voice
Cry havoc and let slip the dogs of war,

That this foul deed shall smell above the earth
With carrion men, groaning for burial.

Julius Caesar, III,1

Krieg, Ruhm und Ehre

Ein Fluch wird kommen übers Menschenvolk;
Innerer Kampf und wüster Bürgerkrieg
Soll jeden Winkel ganz Italiens quälen;
Blut und Zerstörung wird so üblich werden,
Und grauenvolle Szenen so alltäglich,
Daß Mütter nur noch lächeln, wenn sie ihre Kinder
Gevierteilt sehen von der Hand des Kriegs,
Weil 's Mitgefühl, ans Grauen gewöhnt, erstickt;
Und Cäsars Geist, rachgierig auf der Jagd
Mit Ate, zwietrachtsäend den Hölln entstiegen,
Wird hier im Land mit Feldherrnton »Gemetzel«
Ausschrein und 's Hundeheer des Kriegs
                              loskoppeln,
Daß diese Scheusalstat die Welt umstinkt
Mit Menschenaas, das nach Begräbnis stöhnt.

Julius Cäsar, III,1

Once more unto the breach, dear friends, once
                                        more,
Or close the wall up with our English dead.
In peace there's nothing so becomes a man
As modest stillness and humility:
But when the blast of war blows in our ears,

Then imitate the action of the tiger;
Stiffen the sinews, conjure up the blood,
Disguise fair nature with hard-favour'd rage;
Then lend the eye a terrible aspect.

Henry V, III,1

Here is such patchery, such juggling, and such kna-
very! All the argument is a whore and a cuckhold: a
good quarrel to draw emulous factions, and bleed
to death upon. Now the dry serpigo on the subject,
and war and lechery confound all!

Troilus and Cressida, II,3

Stürmt nochmals in die Bresche, nochmals,
                                              Freunde,
Ja, oder füllt den Spalt mit Englands Toten!
Im Frieden ziemt nichts einem Mann so sehr
Wie ruhige Demut und Bescheidenheit;
Doch wenn der Kriegslärm um die Ohrn uns
                                              kracht,
Dann ahmt den Habitus des Tigers nach:
Spannt eure Sehnen, bringt das Blut zum Sieden,
Tarnt schöne Wesensart mit hartem Wutgesicht.
Weckt dann den Mörderblick in euren Augen.

Heinrich V, III,1

Rings diese Lumperei, diese Gaukelei, diese Gau-
nerei! Der ganze Anlaß ist eine Hur und ein Gehörn-
ter: schöner Streitgrund, daß sich drum viehisch
Parteien zusammenrotten und dran zu Tod sich blu-
ten. Jetzt, die schwarzen Blattern auf das Thema,
und Krieg und Geilheit bring sie alle um!

Troilus und Cressida, II,3

Rightly to be great
Is not to stir without great argument,
But greatly to find quarrel in a straw
When honour's at the stake.

Hamlet, IV,4

Honour pricks me on. Yea, but how if honour prick
me off when I come on, how then? Can honour set
to a leg? No. Or an arm? No. Or take away the
grief of a wound? No. Honour hath no skill in sur-
gery then? No. What is honour? A word. What is in
that word honour? What is that honour? Air. A trim
reckoning! Who hath it? He that died a-Wednesday.
Doth he feel it? No. Doth he hear it? No. 'Tis in-
sensible, then? Yea, to the dead. But will it not live
with the living? No. Why? Detraction will not suffer
it. Therefore I'll none of it. Honour is a mere scut-
cheon – and so ends my catechism.

Henry IV, Part 1, V,1

Wahrhaftig groß sein
Heißt nicht, sich streiten ohne großen Grund,
Doch groß in einem Strohhalm Streitgrund finden,
Wenn Ehre auf dem Spiel steht.

Hamlet, IV,4

Die Ehre treibt mich in die Schlacht. Gut, aber was, wenn die Ehre mich abschlachtet beim Schlachtfest, was dann? Kann Ehre ein Bein heil machen? Nein. Oder einen Arm? Nein. Oder Wundschmerzen stillen? Nein. Ehre hat also kein Geschick zur Chirurgie? Nein. Was ist Ehre? Ein Wort. Was steckt in diesem Wort Ehre? Was ist diese Ehre? Luft. Schöne Rechnung, das! Wer hat sie? Der, der letzten Mittwoch starb. Spürt er sie? Nein. Hört er sie? Nein. Also man merkt nichts davon? Nein, die Toten nicht. Aber belebt sie denn nicht die Lebenden? Nein. Warum? Weil die Verleumdung es nicht zuläßt. Darum will ich nix davon wissen. Ehre ist bloß ein Schleifenspruch am Grabkranz – und damit endet mein Katechismus.

Heinrich IV, 1. Teil, V,1

England

This royal throne of kings, this scept'red isle,
This earth of majesty, this seat of Mars,
This other Eden, demi-paradise,
This fortress built by Nature for herself
Against infection and the hand of war,
This happy breed of men, this little world,
This precious stone set in the silver sea,
Which serves it in the office of a wall,
Or as a moat defensive to a house,
Against the envy of less happier lands;
This blessed plot, this earth, this realm, this
                             England,
This nurse, this teeming womb of royal kings,
Fear'd by their breed, and famous by their birth,
Renowned for their deeds as far from home,
For Christian service and true chivalry,
As is the sepulchre in stubborn Jewry,
Of the world's ransom, blessed Mary's Son;

England

Hier dieser Königsthron, dies Kron-Eiland,
Dies Land der Majestät, dies Heim des Mars,
Dies zweite Eden, dieses Erden-Paradies,
Dies Bollwerk, das Natur sich selbst gebaut
Hat gegen Kriegszugriff und Ansteckung,
Dies segensfrohe Völkchen, diese kleine Welt,
Dieses Juwel ins Silbermeer gefaßt,
Das ihm den Dienst von Wall und Mauer tut
Oder vom Graben, der ein Schloß vorm Neid
Der weniger beglückten Lande schützt;
Dies segensreiche Fleckchen, diese Erde,

Dies Reich, dies England, diese Amme, dieser
Fruchtbar gebärnde Schoß für Könige,
Dern Stamm man fürchtet, deren Rang man
                                rühmt,
Gelobt selbst fern der Heimat für ihr Tun,
Für Christendienst und wahres Rittertum,
Bis hin ins sture Judenland zum Grabmal
Des Welterlösers hin, Marias Sohn;

This land of such dear souls, this dear dear land,
Dear for her reputation through the world,
Is now leas'd out – I die pronouncing it –
Like to a tenement or pelting farm.
England, bound in with the triumphant sea,
Whose rocky shore beats back the envious siege
Of wat'ry Neptune, is now bound in with shame,
With inky blots and rotten parchment bonds,
That England, that was wont to conquer others,
Hath made a shameful conquest of itself.

Richard II, II,1

Hath Britain all the sun that shines? Day? Night?
Are they not but in Britain? I' th' world's volume

Our Britain seems as of it, but not in't:
In a great pool, a swan's nest: prithee think
There's livers out of Britain.

Cymbeline, III,4

Dies große, große Land solch großer Seelen,
Groß durch sein Ansehn weit im Weltenkreis,
Ist jetzt verpachtet – sterbend sprech ich's aus –,
Als wär's ein Kärrnerhof, ein Armen-Gut.
England, das meerumschlungene, das sonst
Mit Felsenküsten sogar Wassergott Neptuns
Neidvollem Ansturm trotzt, wird jetzt verschlungen
Von Schmach, von Tintenklecksereien und
Von schimmlig pergamentnem Schuldverschrieb;
Dies England, das stets andere besiegte,
Hat schandbarn Sieg über sich selbst erlangt.

Richard II, II,1

Hat nur Britannien Sonnenschein? Tag? Nacht?
Gibt's das nur in Britannien? Laut Almanach der
                                                    Welt
Scheint unser Land ein Teil von ihr, doch nicht
In ihr zu sein: im großen Teich ein Schwanennest:
Auch fern Britanniens wohnen Menschen.

Cymbeline, III,4

Law and Order

Those many had not dar'd to do that evil
If the first that did th'edict infringe
Had answer'd for his deed.

Measure for Measure, II,2

And I beseech you
Wrest once the law to your authority, –
To do a great right, do a little wrong, –
And curb this cruel devil of his will.

The Merchant of Venice, IV,1

We must not make a scarecrow of the law,

Setting it up to fear the birds of prey,
And let it keep one shape till custom make it
Their perch, and not their terror.

Measure for Measure, II,1

Recht und Gesetz

Die vielen hätten nicht gewagt zu freveln,
Hätt gleich der erste, der Erlasse brach,
Sein Tun gebüßt.

Maß für Maß, II,2

Und ich bitt Sie:
Für einmal beugen Sie das Recht mit Ihrem Amt –
Um großes Recht zu tun, tun Sie ein kleines
                                    Unrecht –
Und brechen Sie den Willn des Roheitsteufels.

Der Kaufmann von Venedig, IV,1

Wir dürfen nicht das Recht zur Vogelscheuche
                                    machen,
Einmal erstellt als Drohung für die Krähen,
Und dann belassen, bis noch durch Gewöhnung
Ihr Nistplatz draus wird statt ihr Schrecken.

Maß für Maß, II,1

Hark, in thine ear: change places, and, handy-dan-
dy, which is the justice, which is the thief? Thou hast
seen a farmer's dog bark at a beggar? …

And the creature run from the cur? There thou
                                        might'st behold
The great image of Authority:
A dog's obey'd in office.
Thou rascal beadle, hold thy bloody hand!
Why dost thou lash that whore? Strip thine
                                        own back;
Thou hotly lusts to use her in that kind
For which thou whipp'st her. The usurer hangs the
                                        cozener.

Thorough tatter'd clothes small vices do appear;
Robes and furr'd gowns hide all. Plate sin with
                                        gold,
And the strong lance of justice hurtless breaks;
Arm it in rags, a pigmy's straw does pierce it.
None does offend, none, I say, none; I'll able 'em.

King Lear, IV,6

Pst! hör, ins Ohr: Bäumchen wechsel dich, und,
rechte Hand – linke Hand, wer ist der Richter, wer
ist der Dieb? Hast einen Hofhund einen Bettler an-
bellen sehn? ...
Und die Kreatur lief weg vorm Köter? Da könntst
du sehn

Das große Inbild der Autorität:
Dem Hund im Amt gehorcht man.
Du Lumpenbüttel – weg mit deiner Bluthand!
Warum peitschst du die Hur da? Drisch dich
selber:
Du gierst vergeilt drauf, sie für das zu brauchen,
Wofür du sie jetzt striemst. Der große Wucherer
Hängt auf den Taschendieb. Durchs Loch im
Lumpenkleid,
Was sieht man da nicht Laster; Amtstalar
Und Pelz birgt alles. Beschlag mit Gold die Sünde –
Das starke Schwert des Rechts prallt harmlos ab;
Umpanzer sie mit Lumpen – ein Strohhalm bohrt
sie durch.
Keiner ist sündig, keiner, sag ich, keiner; ich steh
dafür.

König Lear, IV,6

The world is still deceiv'd with ornament –
In law, what plea so tainted and corrupt,
But being season'd with a gracious voice,
Obscures the show of evil?

The Merchant of Venice, III,2

Mercy is not itself, that oft looks so;
Pardon is still the nurse of second woe.

Measure for Measure, II,1

I not deny
The jury passing on the prisoner's life
May in the sworn twelve have a thief, or two,
Guiltier than him they try. What's open made to
                                        justice,
That justice seizes. What knows the laws
That thieves do pass on thieves?

Measure for Measure, II,1

Die Welt wird stets durch Flitter doch betrogen –
Im Recht, wo gibt's den Fall so stinkend faul,
Der nicht, mit schönen Worten übersüßt,
Das Bild des Bösen auswischt?

Der Kaufmann von Venedig, III,2

Oft ist nicht Gnade, was uns gnädig scheint;
Nachsicht gebiert sich nur den eignen Feind.

Maß für Maß, II,1

Ich leugne nicht, im Schwurgericht,
Das abstimmt über des Gefangnen Leben,
Mag unter zwölf Geschworenen ein Dieb
Sein, zwei, und schuldiger als den sie strafen.
Justiz packt das, was die Justiz erfährt. Was tut's
Dem Recht, daß Diebe Diebe richten?

Maß für Maß, II,1

Utopia

I' th' commonwealth I would by contraries
Execute all things; for no kind of traffic
Would I admit; no name of magistrate;
Letters should not be known; riches, poverty,

And use of service, none; contract, succession,
Bourn, bound of land, tilth, vineyard, none;
No use of metal, corn, or wine, or oil;
No occupation; all men idle, all;
And women too, but innocent and pure:
No sovereignty; – …
All things in common Nature should produce

Without sweat or endeavour: treason, felony,
Sword, pike, knife, gun, or need of any engine,

Would I not have; but Nature should bring forth,
Of it own kind, all foison, all abundance,
To feed my innocent people.

The Tempest, II,1

Utopie

Im neuen Staat würd ich die Dinge alle
Von Grund auf anders regeln. Keinerlei Geschäfte
Würd ich erlauben, keine Ämterei.
Die Wissenschaft wär unbekannt. Kein Reichtum,
                                    Armut,
Gebrauch von Dienern, nichts. Verträge, Erbschaft,
Einzäunung, Grenzmark, Weinbau, Äcker, nichts.
Und kein Gebrauch von Korn, Wein, Öl, Metall,
Und keine Arbeit: alle Männer müßig,
Und auch die Fraun, ganz unschuldig und rein.
Keine Regierung – ...
Dem Allgemeinwohl müßt Natur von sich aus
                                    liefern,
Ganz ohne Schweiß und Müh. Verrat, Betrug,
Schwert, Spieß, Dolch, Flinte und Bedarf an
                                    Waffen
Gäb's nicht bei mir; nur aus sich selbst müßt die
Natur den Überfluß, die Fülle schaffen,
Mein unschuldiges Volk zu nähren.

Der Sturm, II,1

Philosophy

For there was never yet philosopher
That could endure the toothache patiently.

Much Ado about Nothing, V,1

O, mickle is the powerful grace that lies
In plants, herbs, stones, and their true qualities.
For naught so vile that on the earth doth live
But to the earth some special good doth give;
Nor aught so good but, strain'd from that fair use,
Revolts from true birth, stumbling on abuse.
Virtue itself turns vice being misapplied,
And vice sometime's by action dignified.

Romeo and Juliet, II,3

There are more things in heaven and earth,
$\qquad\qquad\qquad\qquad\qquad$ Horatio,
Than are dreamt of in your philosophy.

Hamlet, I,5

Philosophisches

Bis heute gab's noch keinen Philosophen,
Der Zahnweh mit Geduld ertragen konnte.

Viel Lärm um nichts, V,1

Welch große Gnadenkraft doch darin wirkt,
Was Pflanze, Kraut und Stein tief in sich birgt.
Denn nichts auf Erden ist so nutzlos schlecht,
Daß es der Erd nicht auch sein Gutes brächt.
Und nichts so gut, daß es, für falsche Ziele
Mißbraucht, nicht in sein Gegenteil verfiele.
Tugend kann Laster sein, zu Recht getadelt,
Wie Laster sich im Wirken oftmals adelt.

Romeo und Julia, II,3

Es gibt mehr Dinge zwischen Erd und Himmel,
                                        Horatio,
Als Eure Schulweisheit sich träumen läßt.

Hamlet, I,5

Thyself and thy belongings
Are not thine own so proper as to waste
Thyself upon thy virtues, they on thee.
Heaven doth with us as we with torches do,
Not light them for themselves; for if our virtues
Did not go forth of us, 'twere all alike
As if we had them not. Spirits are not finely touch'd
But to fine issues; nor nature never lends
The smallest scruple of her excellence
But, like a thrifty goddess, she determines
Herself the glory of a creditor,
Both thanks and use.

Measure for Measure, I,1

Thus conscience does make cowards of us all,
And thus the native hue of resolution
Is sicklied o'er with the pale cast of thought,
And enterprises of great pitch and moment
With this regard their currents turn awry

And lose the name of action.

Hamlet, III,1

Dein Selbst und dein Talent
Gehörn dir nicht allein, daß du dein Ich
Pflegst mit Talent und dein Talent mit Ich.
Gott will mit uns, was wir mit Kerzen wollen,
Nicht nur sie selbst beleuchten; wenn unsre Kraft
Nicht wirksam wird nach außen, dann wär's so,
Als hätten wir sie nicht. Die Seele hat den Funken
Nur, daß sie Funken sprüht; und die Natur
Leiht nie ein Quentchen ihres Schatzes aus,
Ohne als knauserige Göttin sich
Des Gläubigers Genugtuung zu sichern,
Den Dank und Zinsen.

Maß für Maß, I,1

So macht Bewußtsein Memmen aus uns allen,
So wird die angeborne Farbe der Entschlußkraft
Siech überkränkelt von Gedankens Blässe,
Und Unterfangen großen Wurfs und Werts
Kehrn dieses Grunds halb ihre Schwungkraft
                                        seitwärts
Und so verlieren sie den Namen »Tat«.

Hamlet, III,1

Sometime we see a cloud that's dragonish,
A vapour sometime, like a bear, or lion,
A tower'd citadel, a pendent rock,
A forked mountain, or blue promontory
With trees upon 't, that nod unto the world,
And mock our eyes with air. Thou hast seen these

signs,

They are black vesper's pageants.
That which is now a horse, even with a thought
The rack dislimns, and makes it indistinct
As water is in water.
My good knave Eros, now thy captain is
Even such a body: here I am Antony,
Yet cannot hold this visible shape.

Antony and Cleopatra, IV,14

There is special providence in the fall of a sparrow.
If it be now, 'tis not to come; if it be not to come,
it will be now; if it be not now, yet it will come. The
readiness is all.

Hamlet, V,2

Manchmal sieht man in Wolken was wie Drachen,
Dunstformen manchmal, einen Bären, Löwen,
Ein turmbewehrtes Schloß, ein Felsplateau,
Ein spitzes Bergmassiv, ein blaues Vorgebirge
Mit Bäumen drauf, die unsrer Welt zunicken
Und höhnen unser Aug mit Luft. Du kennst
So Zeichen, solche Festaufführungen
Des Abenddämmerns … Was jetzt
Ein Pferd noch ist, verwischt gedankenschnell
Der Zug der Wolken und macht's unerkennbar, so,
Wie 's Wasser ist im Wasser.
Schau, guter Eros, jetzt ist auch dein Feldherr
Solch ein Gebilde: hier bin ich, Antonius,
Doch kann die sichtbare Gestalt nicht halten.

Antonius und Kleopatra, IV,14

Es herrscht eine Vorsehung über dem Fall eines
Sperlings. Soll es jetzt sein, soll's nicht dereinst
sein; soll's nicht dereinst sein, wird es jetzt sein; soll
es jetzt nicht sein, so wird es dereinst doch einmal
sein. Bereitsein, das ist alles.

Hamlet, V,2

Though with their high wrongs I am struck to
                              th'quick,
Yet with my nobler reason 'gainst my fury
Do I take part: the rarer action is
In virtue than in vengeance.

The Tempest, V,1

What piece of work is a man, how noble in reason,
how infinite in faculties, in form and moving how
express and admirable, in action how like an angel, in apprehension how like a god: the beauty of
the world, the paragon of animals – and yet, to me,
what is this quintessence of dust?

Hamlet, II,2

Alexander died, Alexander was buried, Alexander
returneth to dust, the dust is earth, of earth we
make loam, and why of that loam whereto he was
converted might they not stop a beer-barrel?

Hamlet, V,1

Zwar ihre Schandtat traf mich bis ins Mark,
Jedoch mit meiner besseren Vernunft
Ergreif ich gegen meine Wut Partei.
Das Köstlichere liegt im Sittlichsein
Als im Vergeltungsuchen.

Der Sturm, V,1

Welch Meisterwerk ist doch der Mensch, wie groß
an Vernunft, wie unbegrenzt an Fähigkeiten, an Gestalt und an Geste wie wunders harmonisch ver-
schmolzen, im Tun wie gleich einem Engel, im Be-
greifen wie gleich einem Gott: das Schmuckstück
der Welt, die Vollendung alles Lebendigen und
dennoch – für mich, was ist diese Quintessenz des
Staubs?

Hamlet, II,2

Alexander starb, Alexander wurde begraben, Alexander kehrt heim zum Staube, der Staub ist Erde,
aus Erde macht man Lehm, und warum mit dem
Lehm, zu dem er wieder wurde, sollt man nicht ein
Bierfaß zuspunden können?

Hamlet, V,1

To-morrow, and to-morrow, and to-morrow,
Creeps in this petty pace from day to day,
To the last syllable of recorded time;
And all our yesterdays have lighted fools
The way to dusty death. Out, out, brief candle!

Life's but a walking shadow; a poor player,
That struts and frets his hour upon the stage,
And then is heard no more: it is a tale
Told by an idiot, full of sound and fury,
Signifying nothing.

Macbeth, V,5

There is nothing either good or bad but thinking
makes it so.

Hamlet, II,2

Philosophisches

Und morgen und dann morgen und dann morg

So kriecht's im Schleicheschritt von Tag zu Tag

Zur letzten Silbe hin im Lebensbuch;

Und alles Gestern hat nur Narrn geleuchtet

Beim Gang zu Dreck und Tod. Aus, aus, klein

Kerzlein!

Leben ist nur ein Wanderschattenspiel,

Ein armer Komödiant, der seine Zeit

Abstolzt und abschnauft auf der Bühne und

Nie mehr gehört wird dann: ist eine Mär

Aus einem Tölpelmund, voll von Getön

Und Toben und bedeutet nichts.

Macbeth, V,5

Es gibt nichts Gutes oder Böses als was unser
Denken dazu macht.

Hamlet, II,2

Evergreen Quotes

And too soon marr'd are those so early made.

Romeo and Juliet, I,2

A horse! A horse! My kingdom for a horse!

Richard III, V,4

It was the nightingale and not the lark
That pierc'd the fearful hollow of thine ear.

Romeo and Juliet, III,5

Well roared, Lion!

A Midsummer Night's Dream, V,1

Something is rotten in the state of Denmark.

Hamlet, I,4

Oft gehört, gern zitiert

Wer früh gereift ist, der ist früh verbraucht.

Romeo und Julia, I,2

Ein Pferd! Ein Pferd! Mein Königreich für 'n Pferd!

Richard III, V,4

Es war die Nachtigall und nicht die Lerche,
Was eben dein erschrecktes Ohr zerriß.

Romeo und Julia, III,5

Gut gebrüllt, Löwe!

Ein Sommernachtstraum, V,1

Etwas ist faul im Staate Dänemark.

Hamlet, I,4

Dost thou think because thou art virtuous, there shall be no more cakes and ale?

Twelfth Night, II,3

Frailty, thy name is woman!

Hamlet, I,2

What's in a name? That which we call a rose
By any other word would smell as sweet.

Romeo and Juliet, II,2

The time is out of joint. O cursed spite,
That ever I was born to set it right.

Hamlet, I,5

How sweet the moonlight sleeps upon this bank!

The Merchant of Venice, V,1

Meinst du, weil du ein Tugendbold bist, braucht andern Leuten der Wein nicht zu schmecken?

Was ihr wollt, II,3

Schwachheit, dein Name, der ist Weib!

Hamlet, I,2

Was sagt ein Name? Das, was Rose heißt,
Würd gleich süß unter anderm Namen duften.

Romeo und Julia, II,2

Die Zeit ist aus den Fugen. Fluch Schicksals
                                    Spottgeschenken,
Daß ich geborn wurd je, sie einzurenken.

Hamlet, I,5

Wie süß das Mondlicht auf dem Hügel schläft!

Der Kaufmann von Venedig, V,1

O that this too too sullied flesh would melt,
Thaw and resolve itself into a dew.

Hamlet, I,2

There is a world elsewhere.

Coriolanus, III,3

More matter with less art.

Hamlet, II,2

So our virtues
Lie in the interpretation of the time.

Coriolanus, IV,7

'twas caviare to the general.

Hamlet, II,2

What's Hecuba to him, or he to her,
That he should weep for her?

Hamlet, II,2

O daß dies all- allzu beschmutzte Fleisch
Doch schmölz, zerflöß, zerging in einem Tau!

Hamlet, I,2

Auch anderswo gibt's eine Welt.

Coriolan, III,3

Mehr Inhalt, weniger Kunst.

Hamlet, II,2

Unsre Tugend
Hängt von den Deutungen der Zeiten ab.

Coriolan, IV,7

's war Kaviar fürs Volk.

Hamlet, II,2

Was ist ihm Hekuba, oder er ihr,
Daß er sollt weinen über sie?

Hamlet, II,2

As flies to wanton boys, are we to th'Gods;
They kill us for their sport.

King Lear, IV,1

Here cease more questions.

The Tempest, I,2

The rest is silence.

Hamlet, V,2

Was Fliegen bösen Buben sind, sind wir
Den Göttern. Sie töten uns zum Spaß.

König Lear, IV,1

Hier ist ein End der Fragen.

Der Sturm, I,2

Der Rest ist Schweigen.

Hamlet, V,2

In Shakespeares Kopf

Manchmal behalten wir von einem ganzen langen Buch nur einen einzigen kleinen Satz im Gedächtnis. Der Rest des Buches – ob Roman, Drama oder Gedichtsammlung – mag ins Vergessen sinken, samt seines Autors. Aber manchmal krallt sich so ein einzelner blitzheller Satz im Gedächtnis fest, nistet sich ein und meldet sich zu Wort, wenn er gebraucht wird und kann dann einen ganzen Strom von Gedanken und Assoziationen freisetzen. Das mag daran liegen, dass so ein besonderer Satz oftmals einen Widerhaken besitzt – einen inneren Widerspruch, der auf ein seltsames Verhältnis der Weltdinge verweist.

Nehmen wir so einen Satz wie »Ein Pferd! Ein Pferd! Mein Königreich für 'n Pferd!« Wir wissen nicht mehr, wer ihn sagt – oder besser: wer ihn ruft; es sind ja immerhin drei Ausrufezeichen in dieser simplen Aussage. Es scheint dem Sprecher wichtig zu sein: Er braucht ein Pferd, warum auch immer, und zwar schnell. Es scheint aber keines zur Verfügung zu stehen, denn der Sprecher macht ein seltsames Angebot: Er bietet sein Königreich für ein Pferd. Die absurde Unverhältnismäßigkeit bei diesem Tauschangebot – das ist der befremdliche Stolperstein des Satzes: Ein Königreich ist fraglos unendlich viel mehr wert als irgendein beliebiges Pferd. Hier aber ist dem Sprecher das Königreich praktisch wertlos und ein Pferd unendlich kostbar. Der Sprecher ist offenbar König – wieso will er sein Königreich für etwas so Unbedeutendes wie ein Pferd hergeben? Wie meint er das? Wozu braucht er ein Pferd? Um zu reiten. Um wegzureiten. Vielleicht um zu fliehen, um zu flüchten? Gar um sein Leben zu retten? Oder um mit diesem Pferd etwas Wichtigeres als ein Königreich zu erobern? Wir wissen es nicht genau, aber darauf kommt es auch nicht so sehr an, um den tieferen »Sinn« dieses Satzes zu entfalten. Was für Gründe der König auch immer haben mag: Der Wert eines Dings liegt offensichtlich nicht in ihm selbst; es sind die Umstände, die es wertvoll oder wertlos machen.

So ist jener Satz in den Schatz der vielen »geflügelten Worte« eingegangen, die uns einfallen, wenn wir selbst eine vergleichbare Erfahrung machen.

Und gern parodieren wir dann so einen Satz: »Ein Königreich für 'ne Tankstelle!«, wenn die Tankanzeige gegen Null geht und wir nachts in der Fremde in unwegsamer Wildnis fahren.

Und nun fragt es sich schulmeisterlich: Wer hat diesen Satz gesagt!? Aber wozu ist das so wichtig? Um beim Kreuzworträtsel »Richard« hinschreiben zu können? Ach nein, das wäre nebensächlich. Und wer hat den Satz verfasst? Goethe? Schiller? Shakespeare? Muss man das wissen? Nein, auch nicht unbedingt: Der Satz liefert uns seinen treffenden Sinn, auch wenn wir nicht wissen, dass er von Shakespeare stammt. Brauchen wir überhaupt Shakespeare? Nein, kein Mensch »braucht« Shakespeare. Aber andererseits: Wenn's nur darum gehen soll, was man unbedingt »braucht«, wird's doch etwas arg eng und grau und ärmlich um uns und in uns; sogar Bert Brecht sagte: »Nur wer im Luxus lebt, lebt angenehm«. Also: Leisten wir uns den bunten, horizonterweiternden Luxus Shakespeare, um uns schamlos zu bereichern!

Denn dieser alte William Shakespeare (1564–1616), englischer Dichter und Dramenschreiber, dessen sage und schreibe 450. Geburtstag wir im Jahr 2014 feiern können, wartet mit 37 Komödien, Tragödien und Historienstücken, nebst 154 Sonetten und mehreren Versdramen zur »Plünderung« auf und ist zudem als dritter deutscher Klassiker neben Schiller und Goethe in Deutschland quasi adoptiert worden. Dieser William Shakespeare hat nun eine Vielzahl solcher widerhakigen Sätze verfasst, die als »Wortschätze« auch in unseren deutschen Sprachschatz eingegangen sind und bis heute ihre Frische bewahrt haben. Keine deutsche Tageszeitung, in der nicht täglich zumindest *ein* Shakespeare-Zitat auftaucht, auch wenn weder Schreiber noch Leser sich darüber im Klaren sind. Z. B. »Wir sind vom Stoff, aus dem die Schäume sind« – Werbung einer Matratzenfirma. Allerdings meinen dann viele, das sei ein verballhorntes Zitat von Johannes Mario Simmel, der den Erfolgsroman ›Der Stoff, aus dem die Träume sind‹ verfasst hat. Das stimmt wahrscheinlich sogar, die Werbefritzen werden das auch gedacht haben; aber Simmel hat seinen Roman-Titel seinerseits Shakespeares ›Der Sturm‹ entnommen, wo es heißt »Wir sind vom Stoff, aus dem die Träume sind« …

Nun will diese kleine Sammlung von Shakespeares Wortschätzen aber nicht nur Zitate aneinanderreihen, als eine Art Fundgrube für sinnige Poesiealben-Einträge; sie möchte ein bisschen mehr von William Shakespeare und seiner besonderen Dichtergabe vermitteln.

Shakespeare hat für seine Werke 1222 Figuren erfunden – die Wissenschaft hat's nachgezählt. Das reicht vom kleinen Boten, der beim Briefzustellen scheitert, weil er als Analphabet die Adresse nicht lesen kann, bis zu den großen tragischen Rollen der Welt- und Himmelsstürmer wie König Lear, Hamlet und Macbeth. Dieses so widersprüchliche, aus allen Gesellschaftsschichten stammende männlichweibliche Personal seiner Stücke hat eine gemeinsame Schnittstelle: Shakespeares Kopf.

Denn ganz offensichtlich besaß dieser sich androgyn in Männer wie in Frauen verwandelnde Schauspieler und Dichter die Gabe, sich in eine unendliche Vielfalt menschlicher Leidenschaften, Regungen, Gefühlswelten und Seelenabgründe so empathisch hineinversetzen zu können, dass er persönlich hinter seinen Figuren verschwand. Im

Phantasieraum seines Kopfes, auf seiner inneren Kopfbühne wurde jene riesige Schar anrührender Gestalten geboren, die vielschichtig zugleich als Liebende und Hassende, als Trauernde und Glückliche, als Boshafte und Leidende, als Täter und Opfer alle Spielarten und Nuancen menschlichen Verhaltens zu repräsentieren scheinen. Seine Fähigkeit, in allem, was gesetzt ist, auch skeptisch-ironisch das glatte Gegenteil sehen und legitimieren zu können, macht Shakespeares Erfindungskraft aus. Der *Widerspruch* als Prinzip ist der innere Motor, der seine Geschichten vorantreibt; widersprüchliche Ansichten und Haltungen zu den Gegebenheiten der Welt dynamisieren emotional die Konflikte zwischen seinen Figuren.

Von der Vielfalt und dem Reichtum menschlichen Verhaltens, wovon Shakespeare in seinen Werken erzählt, möchte ihrerseits diese Sammlung einen Eindruck vermitteln – nicht als Aneinanderreihung einzelner Zitate, sondern als widersprüchliche Zusammenstellung längerer Abschnitte. Sie möchte Shakespeares Texte *thematisch* miteinander reden und streiten lassen. Sie ist als eine Art Collage zu verstehen, die vom jeweiligen Stückzusammenhang absieht, um mit den Texten *neue* kleine Erzählungen zu stiften.

Zum Beispiel auf Seite 13 und 15: Da quält sich ein offenbar sehr junger Mensch im Selbstgespräch mit seiner Unsicherheit vor der allerersten Liebesnacht. Aber wer spricht? Die Sprache und die Bilderwelt verraten es: Es ist ohne Zweifel ein Mann, so martialisch, wie er sich das ihm noch unbekannte Liebesspiel vorstellt:

> *… so wie ein Schlachtheer, wenn's auf Horden Fliehender Feinde eindrischt.*

Der Text gehört eigentlich dem Troilus in ›Troilus und Cressida‹, einem Stück, das zu Zeiten des Kriegs um Troja spielt – aber die Textherkunft spielt hier keine Rolle. Ihm antwortet nämlich auf der folgenden Seite gleich ein anderer Text zum gleichen Thema »Vorerwartung der allerersten Liebesnacht«. Wer spricht? Die Sprache verrät es: Ganz offenbar eine Frau.

> *Ummantel mein Gesicht, drin falkenwild*
> *Mein Blut nach seinem Falkner glüht und*
> *brennt,*

Bis scheue Liebe kühn und mutig wird,
Und sieh den Liebesakt als Keuschheit an.

Es ist Julias Text aus *Romeo und Julia*, aus der nämlichen Situation erzählt, aber aus weiblicher Perspektive. Zwei Stücke, zwei Sichtweisen, zwei Sprachen, ein Thema – ein fiktiver Dialog von Texten aus dem Echoraum der Shakespeareschen Dramen, von der Bühne in Shakespeares Kopf, in dem all diese widersprüchlichen Szenen, Ansichten und Haltungen ursprünglich erbrütet wurden – unendlich vielgesichtige Variationen eines einzigen dichterischen Denkens. Ein großer Dramatiker, wie mal jemand treffend sagte, schreibt eigentlich immer nur *ein* Stück, mit nur jeweils unterschiedlicher Handlung.

Oder ein anderes Beispiel: Das Thema »Theater«, über das Shakespeare zeitlebens nachgegrübelt hat. Theater gibt es in vielen Spielarten – von der Klamotte übers Schmierentheater bis zur abgründigen Tragödie: Der Begriff »Theater« ist nicht leicht auf einen Nenner zu bringen. Shakespeare erzählt davon z.B. im ›Hamlet‹, in Hamlets berühmter Mahnrede an die Schauspieler, in der er sie dazu

Nachwort

anhält, nur ja immer »der Natur den Spi[...]
zuhalten; eine seriöse theatralische Reflekt[...]
philosophisch. Meint man jedenfalls. Oder vielle[...]
doch nicht so ganz tief? Vielleicht mit leichter Ironie
erzählt als die aufgeblasene Rede des verhinderten
Laienschauspielers Hamlet, der den Profis ihren Be-
ruf erklären will? – Wiederum schildert Shakespeare
im ›Sommernachtstraum‹ das Theater als burleskes
Schmierentheater: Eine Laienspieltruppe produziert
reine Alberei und Klamotte. Meint man jedenfalls.
Oder vielleicht doch nicht so ganz klamottig? Die
erheiternden Fehleinschätzungen der Laien über
die Macht der theatralischen Illusion werden selt-
samerweise ebenso bedenkenswert und erkennt-
nisreich wie die »seriösen« Erläuterungen Hamlets.
Shakespeare hat zwei konträre Erzählungen über
das Wesen des Theaters und seiner Illusionstech-
niken verfasst – welche hat er selbst vertreten?
Vermutlich beide. Und zwar, als Großmeister des
Einerseits-Andererseits-Denkens, immer gleichzei-
tig. Wenn die »Wortschätze«-Sammlung nun Texte
aus beiden Erzählungen, ›Hamlet‹ und ›Sommernachtstraum‹, durcheinander collagiert, so in der
Hoffnung, solch irritierend konträre Sichtweisen
stückübergreifend etwas deutlicher ins Licht rücken

Nachwort

zu können, als wenn man dazu nur den ›Hamlet‹ oder nur den ›Sommernachtstraum‹ liest. Und natürlich könnte es eine Anregung sein, beide Stücke auch in Gänze zu lesen …

So bringt diese Sammlung auch nicht nur Edles und Erhabenes zusammen; sie lässt bewusst all das *nicht* aus, was in einem Shakespeare-Zitatenschatz von 1906 als »Bosheit und Seelenfäulnis des Redenden« bezeichnet wurde und was darum unter den Tisch fiel: Krieg, Mord, Blut, Flüche, Schweinkram, Hexen, Geister, Aberglaube. Vom letzten Block »Evergreen Quotes/Oft gehört, gern zitiert« abgesehen, soll die Sammlung nicht nur eine Zitatenfundgrube sein, aus der man sich blätternd hier dies und dort jenes herauspickt. Texte im Dialog sollen es sein, zwischen denen beim kontinuierlichen Lesen ein innerer Zusammenhang entsteht – assoziatives Material für ein kleines, neues, noch unausgegorenes Stück in Shakespeares Kopf, das sich dort gerade erst aus den kaleidoskopisch herumwirbelnden Elementen und Versatzstücken einer einzigartig differenzierten Weltbeobachtung herausformt.

Frank Günther

Zur Ausgabe

Die Textausschnitte für diese Sammlung sind den zweisprachigen Ausgaben der Werke Shakespeares in Einzelausgaben entnommen, übersetzt und herausgegeben von Frank Günther. Diese erscheinen seit 1995 bei dtv im Taschenbuch und seit 2000 als Leinenbände im ars vivendi Verlag, Cadolzburg. Allen Bänden ist ein umfangreicher Anhang beigegeben.

Bei dtv liegen bislang 22 Hauptwerke vor; bei ars vivendi 35 Bände der geplanten Gesamtausgabe, die auf 39 Bände konzipiert ist und die Sonette miteinschließt.

Die Rechte an den Übersetzungen Frank Günthers liegen bei Hartmann & Stauffacher, Verlag für Bühne, Film, Funk und Fernsehen, Köln.

Inhalt